MARCO POLO

COSTA BLANCA

Reisen mit
Insider-Tipps

Diese Tipps sind die ganz speziell
Emp
Sie

Fünf Symbole sollen Ihnen
die Orientierung in diesem Führer erleichtern:

für Marco Polo Tipps – die besten in jeder Kategorie

für alle Objekte, bei denen Sie auch eine schöne Aussicht haben

für Plätze, wo Sie bestimmt viele Einheimische treffen

für Treffpunkte für junge Leute

(108/A1)
Seitenzahlen und Koordinaten für den Reiseatlas Costa Blanca.
Zu Ihrer Orientierung sind auch die Orte mit Koordinaten versehen,
die nicht im Reiseatlas eingetragen sind.

Diesen Führer schrieb Thomas Hirsch, Chefredakteur
des »Palma-Kuriers«. Die Aktualisierung besorgte Ines Krüger,
Redakteurin bei den »Costa Blanca Nachrichten«.

Die Marco Polo Reihe wird herausgegeben
von Ferdinand Ranft.

Die aktuellsten Insider-Tipps finden Sie im Internet unter www.marcopolo.de

MAIRS GEOGRAPHISCHER VERLAG

MARCO POLO

Für Ihre nächste Reise gibt es folgende Titel dieser Reihe:

Unsere Autoren haben nach bestem Wissen recherchiert. Trotzdem schleichen sich manchmal Fehler ein, für die der Verlag keine Haftung übernehmen kann.

Titelbild: La Manga del Mar Menor (HB-Verlag, Hamburg)
Fotos: Friedrichsmeier: Widmann (12, 28, 48, 54, 76); R. M. Gill (18); HB-Verlag, Hamburg (4, 9, 22, 24, 32, 37, 45, 55, 56, 60, 63, 69, 72, 75, 79, 83, 85, 86); Mauritius: Hubatka (107), Vidler (34)

3., aktualisierte Auflage 2001 © Mairs Geographischer Verlag, Ostfildern
Chefredakteurin: Marion Zorn
Gestaltung: Thienhaus/Wippermann (Büro Hamburg)
Kartografie Reiseatlas: © Mairs Geographischer Verlag
Sprachführer: in Zusammenarbeit mit dem Ernst Klett Verlag für Wissen und Bildung GmbH, Redaktion PONS Wörterbücher

Printed in Germany
Gedruckt auf 100% chlorfrei gebleichtem Papier

INHALT

Entdecken Sie die Costa Blanca!

Neun Monate Frühling und drei Monate Sommer

Tiefblau glänzen die Kuppeln der Kirche Nuestra Señora del Consuelo in der Sonne über dem weißen Häusergewirr der Altstadt von Altea und über dem Meer. Das ist nicht weiter erstaunlich, das tun in diesem Augenblick die Kuppeln über Valencia ebenso wie die über Elche und Monóvar, auch über Benidorm, dem alten kleinen Benidorm. Sie bilden eine Art Familie, die glasierten Kirchenkuppeln der »Weißen Küste«, der Costa Blanca, die unter dem Himmel der Levanteküste und zwischen den zerklüfteten Sierras um die Wette glänzen.

Doch heute ist es so windig, dass man auf den Tischen an der Uferpromenade von Altea die Servietten festhalten muss. Das Mittelmeer gischtet über die Ufermauer und salzt unseren frischen Thunfischsalat nach. Die Dattelpalmen biegen sich und schütteln ihre Wedel, ihre Schwestern an der Hafenmole von Moraira werden heute besonders gezaust, und im Palmenwald von Elche ist man über jede Palme froh, der man zum Bleichen schon die Wedel hochgebunden hat.

Altea, Straßenzeile in Weiß – eine Visitenkarte für die Costa Blanca

Den zweiten Gang, knusprige *chopitos* (fritierte Tintenfischstücke), erreicht ein Regentropfen aus einer jener dunklen Wolken, die der Wind immer wieder vor die Sonne schiebt. Das kann an der Costa Blanca durchaus vorkommen. Für einen 23. Dezember dennoch erstaunlich: Zum Frühstück saß man auf den Terrassen vor den Bars am Hafen von Moraira dicht gedrängt. Und auch die Mandelblüten, die sich in einem geschützten Winkel der Sonne entgegenrecken, passen zu dem frühlingshaften Wetter um diese Jahreszeit.

An der Costa Blanca gibt es keinen Winter. Dafür gibt es drei Monate Sommer und neun Monate Frühling im Jahr. Wenn sich anderswo in Europa Flüsse und Bäche langsam vom Eise befreien, verzaubert bereits der Duft jener Blüten die Küste, die der nördlichen Fortsetzung der Costa Blanca, jenseits von Gandía, ihren arabischen Namen gegeben haben: *Costa del Azahar,* Orangenblütenküste.

Doch auch rund um den Peñón de Ifach, jenen markanten weißen Kreidefelsen von Calpe an der eigentlichen »Weißen Küste«, die ihren Namen gleichermaßen dem Licht von jährlich über 300 Sonnentagen, den traditionell geweißelten Häusern und ihren Kalkfelsen verdankt, bleibt die Zitrusfrucht unser ständiger Begleiter. Das gilt bis hinab zur »Heißen Küste«, der *Costa Cálida* von Murcia, wo man bei einer Fahrt durch sengend heiße, wüstengleiche Steppen nicht mehr daran glaubt, dass hier überhaupt etwas wachsen könne. Schon nach der nächsten Straßenbiegung indes kann das satte Grün von Zitronen- und Orangenhainen leuchten, sodass man eine Oase vor sich zu haben meint.

Am Fuß der Ruine einer einst mächtigen Burg labt man sich an einer frisch gepflückten Kaktusfeige und kommt ins Träumen. Schon lange bevor die Kirchenkuppeln von Elche und Altea in der Sonne glänzten, schwärmten arabische Dichter und Reisende, die hier auf dem Weg zur Kalifenstadt Córdoba Halt machten, beladen mit Seide aus Valencia und Murcia, in den höchsten Tönen von Murcias Gärten.

Diese rund 700 Kilometer Küste sind Spaniens Morgenland, das Land, in dem die Sonne aufgeht: *Levante.* Ihre Atmosphäre bannte zu Anfang des 20. Jahrhunderts Joaquín Sorolla impressionistisch auf die Leinwand: Launen des Lichtes, Launen der Menschen hier, eine Leichtigkeit des Seins, welche die Figuren oben an den Bildrand drängt.

An dieser Küste wechseln sich feinsandige Strände mit schroffen Klippen ab, dazwischen versteckte Buchten, die vergessen lassen, dass hier die Hochburgen des spanischen Massentourismus in den Himmel ragen. Nicht nur, dass zwischen Murcia und Valencia an über 90 Stränden und in den meisten Sporthäfen blaue Europafahnen für sauberes Wasser und gute Infrastruktur wehen. In den Provinzen Alicante und Murcia gibt es so gut wie keine Strände mehr, an denen wegen mangelnder Wasserqualität vom Baden abgeraten werden müsste.

Das Bild einer verbauten Küste, an der sonnenhungrige Massen den Lockungen von »Sonne, Strand und Sextourismus« frönen, mag in vielen Köpfen fortbestehen – am Mar Menor und in Benidorm ist die Zeit nicht stehen geblieben. Seitdem der Billigtourismus die Karibik und Asien genauso erfasst hat wie Rimini und Antalya, haben sich Benidorm und La Manga am Mar Menor zu Ferienspezialisten gemausert. Kein Freizeitsport, dem man sich hier nicht hingeben könnte, kein Wunsch in großen Kinderaugen, der unerfüllt bliebe, keine Nacht, die man nicht im bunten Treiben der Pubs und Clubs, der Terrassenlokale und der Diskotheken durchwachen könnte. *Fish & Chips* und Wiener Schnitzel haben zwar Fuß gefasst, die Eroberung der Levanteküste durch den Tourismus hat die heimische Lebensart jedoch keineswegs begraben.

Das liegt nicht zuletzt daran, dass selbst in Benidorm die Spanier stets in der Überzahl sind und im Übrigen schon immer Leute aus aller Herren Ländern an die Costa Blanca strömten, als Kaufleute, als Gäste, als Eroberer oder als Piraten. Neben Neuem besteht Altes fort, sogar das einstige Fischerdörfchen Benidorm mit seinen malerischen Gassen unter der blauen Kuppel der Pfarrkirche, umzingelt von hundert Hotelwolkenkratzern für Hunderttausende von Touristen. Wer auf eigene Faust an die Costa Blanca reist, für den bleiben die Silhouetten der Ferienstädte nur Schimären am Horizont der Orangenhaine von Valencia oder im Nacken des Peñón de Ifach. Man lässt sich von einer diskreten Gastronomie verwöhnen, die in den letzten Jahren auch in der Luxuskategorie empfehlenswerten Zuwachs für Individualisten erhalten hat. Jet-set-Tourismus wie in Marbella ist hier jedoch fremd geblieben.

Von hier aus geht man an die Entdeckung des Hinterlandes, für das sich sogar in spanischen Broschüren das deutsche Wort eingebürgert hat. *El hinterland* steht als Begriff für spannende Entdeckungen in abgelegenen Landschaften, mit jahrhundertelang umkämpften Städten, die stolz über ihre Mauerumwallung blicken oder verwegen am Rand tiefer Schluchten hängen, etwa im Betischen Gebirge und im Iberischen Randgebirge. Unmittelbar hinter der Küste und hinter den fruchtbaren Ebenen um Murcia, Alicante und Valencia ragen diese Gebirge bald 1000, an vielen Stellen 2000 Meter hoch auf und blicken im Winter manchmal schneebedeckt auf die Levanteküste im Osten und auf die Mancha in der zentralspanischen Hochebene im Westen.

In den küstennahen Niederungen öffnen die Zitrusbäume vereinzelt schon Ende Februar die ersten Blütenknospen, die sich zu der weißrosa Pracht der Mandel- und Kirschblüten gesellen. Dann erlebt man ein Blütenmeer, das sich auf oft jahrhundertealten Anbauterrassen über sanfte Hügel breitet oder schroffe Berge erklimmt, auf denen die Ruinen vormals stolzer Burgen aus der Zeit thronen, als mal Christen, mal Muslime ihre Machtbereiche gegeneinander verteidigten.

Wie wir aus dem Geschichtsbuch wissen, siegten die christlichen Könige. Sie ließen die Moscheen abreißen und an ihrer Stelle Kirchen und Kathedralen errichten. Doch in den blauen Keramikkuppeln, die man ihnen aufsetzte, lebt etwas von der maurischen Kultur fort, die auch Spaniens Levanteküste 800 Jahre hindurch geprägt hat, ebenso in der Töpferkunst von Manises und Agost, in der Mudéjar-Architektur, die in Teruel ihre unbestrittene Hauptstadt hat, im mandelsüßen Weihnachtsgebäck der *turrones* von Jijona, im köstlichen Zitronengebäck der Augustinerschwestern von Orihuela, den *pellas,* und in tausend anderen Details.

Auch in den Festen an der Costa Blanca lebt diese Vergangenheit wieder auf, wobei die Bewohner von Benidorm und Alcoy, von Benissa und Villajoyosa eindeutig Stellung beziehen: Bei den *Fiestas de Moros y Cristianos* vertreiben Christen Jahr für Jahr aufs Neue die Mauren aus dem Land, das diese im 8. Jh. von Andalusien her erobert hatten und in dem die letzten kleinen Moriskenkönigreiche erst im Jahr 1609 vom spanischen König Philipp III. zerschlagen wurden. Doch mit derselben Lust und Phantasie verkleidet man sich zum Fest als christlicher Krieger wie als *moro,* als düsterer Berberpirat oder als Haremsdame.

Vielleicht liegt es an den ständigen kulturellen Frischzellenkuren, die der Costa Blanca von der Geschichte verpasst wurden, dass man in den großen Städten wie im kleinsten Dorf die Verkleidung liebt und auch noch die Weihnachtszeit zum *carnaval* macht. Außer der Lust am Feiern ist die Freude an allem, was kracht, raucht oder sonstwie Spaß macht, charakteristisch für die Bewohner der Levanteküste. In Buñol bewirft man sich mit Tomaten, in Dénia lässt man sich von wilden Stieren ins Hafenbecken jagen, überall im Land springt man in der Johannisnacht über lodernde Sonnwendfeuer. Dazu werden kleine und riesige *paellas* gegart. *¡Viva la fiesta!*

Das barocke Lebensgefühl, das viele Kirchen und Kathedralen in Spaniens Levante prägt, passt den Menschen wie ein Maßanzug. Wie Mitbürger verehrt man in Murcia die Heiligen- und Christusfiguren, die Francisco Salzillo aus dem Holz geschält hat, als seien sie lebendig. Mit Inbrunst krönt man in Elche Jahr für Jahr die Himmelskönigin unter der Kuppel einer eigens dafür gebauten Basilika. Wie überall in Spanien war der Sieg des Christentums an der Costa Blanca von nachhaltiger Wirkung. Selbst als guter Erbe islamischer und heidnischer Bräuche macht man da keine Kompromisse.

Dass die Gegend von den *huertas* von Murcia bis hin zu den Orangenplantagen von Castellón einer der ergiebigsten Gärten Europas ist, verdankt sie nicht nur den Mauren. Diese setzten lediglich in großem Maßstab fort, was die Römer begonnen hatten: das Land mit Bewässerungssystemen urbar zu machen. So kommt es, dass auf den Wochenmärkten bereits Ende Februar neben den Zitrusfrüchten frische Kirschen prangen, und im April quellen die Stände von *nísperos* über, die hier tonnenweise an den Mispelbäumen reifen. Salat und Gemüse sind jederzeit zu haben.

In Murcia – wie auch in Aragonien und vor allem in der Mancha – finden wir Pflanzungen einer sündhaft teuren Blüte, die in keiner guten Küche fehlen darf: Safran, dessen spanischer Name seine arabische Herkunft verrät: *azafrán.* Sein weltweit wichtigstes Anbaugebiet liegt jedoch in der zentralspanischen Hochebene der Mancha, die sich jenseits der Gebirge erstreckt, die sich im Hinterland der Costa Blanca auftürmen. Ohne *azafrán* würde aus dem Reis, der vorzugsweise in Pego und den Feuchtgebieten um den Salzsee La Albufera angebaut wird, nicht die goldgelb-saftige *paella,* welche die valencianische Küche berühmt gemacht hat.

Unter maurischer Herrschaft wurden ab dem 8. Jh. die sumpfigen Niederungen im Schwemmland der Flüsse urbar gemacht, die an der Levanteküste münden. Zu prähistorischer Zeit hatten die Menschen diese Niederungen gemieden und sich stattdessen in den Bergen angesiedelt, teils wegen der Krankheitsherde im Sumpf, teils aus Vorsicht gegenüber allem, was mit dem Schiff übers Meer kam. Wachtürme und Burgen zeugen von der Bedrohung durch Piraten – und französische Flottenverbände – bis ins 19. Jh. Die bedeutenden

Wo Wasser fließt, strotzt der Boden von Fruchtbarkeit: alicantinisches Landgut

Städte der iberischen Ureinwohner lagen um 600 v. Chr. der Küste schon etwas näher, bei Elche etwa, ferner Sagunto, das man aus dem Geschichtsunterricht als Sagunt kennt. Doch die Küste gehörte in jener vorrömischen Zeit griechischen und phönizischen Kaufleuten und Siedlern, die sich für den Handel mit den Iberern und für die Erze interessierten, die in den Gebirgen von Murcia schlummerten. Erst die Karthager machten sich im 3. Jh. ernsthaft an die Kolonisierung der Costa Blanca, verloren das Gebiet jedoch in den Punischen Kriegen an Rom. Jetzt tauchte die Küstenzone in der Geschichtsschreibung auf, beginnend mit der Eroberung von Sagunt 219 v. Chr. durch das Heer des karthagischen Feldherrn Hannibal. Es folgten Jahrhunderte wechselnder Herrschaften auf der gesamten Iberischen Halbinsel. Während dieser Zeitspanne war die Levanteküste mal, wie bei Römern und Karthagern, Ausgangspunkt kriegerischer Unternehmungen, mal deren Ziel, zum Beispiel zur Zeit der Völkerwanderung, als hier die Westgoten Fuß fassten.

Diese germanische Führungsschicht hatte die Römer beerbt, musste jedoch von 711 an ihrerseits den muslimischen Eroberern weichen. Als der Islam, damals eine noch junge Weltreligion, Jahrhunderte jünger als das Christentum, sich auf der Iberischen Halbinsel ausbreitete, stießen die arabischen Feldherren an der

Costa Blanca nur in Orihuela auf nennenswerten Widerstand. Die Küste wurde nicht im eigentlichen Sinne erobert, sondern erhielt lediglich, zum soundsovielten Mal in ihrer Geschichte, ein neues Gesicht. Die Reconquista hingegen, die Rückeroberung durch die christlichen Herrscher, brachte kriegerische Verwicklungen. Kaum eine Stadt an der Küste oder in den Sierras, die nicht wechselweise erst von christlichen, dann von muslimischen und schließlich wieder von christlichen Heeren oder Haufen belagert wurde, wobei die Grenze zwischen Freund und Feind gelegentlich fließend war. Der legendäre Rodrigo Díaz de Vivar, bekannt als El Cid, stand mal bei den Kalifen, mal bei den christlichen Königen im Sold, bevor er auf den (längst verschwundenen) Stadtmauern von Valencia als christlicher Held fiel.

Nach der stürmischen Einnahme der Costa Blanca durch den Tourismus in den 60er-, 70er- und 80er-Jahren erlebt die Küste heute wieder friedlichere Zeiten. Doch wieder einmal hat sich ihr Gesicht verändert. Es lebt sich an der Costa Blanca einfach viel zu gut, als dass man sich nach ein paar Wochen Sonne erneut in den kalten Norden verbannen lassen wollte. An der Costa Blanca haben laut offiziellen Angaben rund 35 000 Bürger aus anderen europäischen Ländern ihren Wohnsitz. Inoffiziell werden Zahlen von bis zu 60 000 Deutschen gehandelt und von bis zu dreimal so vielen Briten, zu denen sich Niederländer, Franzosen und Schweizer gesellen. Vielleicht werden schon bald die Geschicke der ersten Gemeinde im Hinterland oder an der Küste von einem britischen oder einem niederländischen Bürgermeister bestimmt.

Was die Zuzügler hier hält, spürt man am deutlichsten an einem jener Wintertage, an denen das Thermometer deutlich über 15 Grad klettert und nicht selten erst bei 25 Grad stehen bleibt. Temperaturen um 6 bis 9 Grad sind um diese Zeit der nächtliche Durchschnitt; sinken sie in den Frostbereich, geht das wie der Untergang von Sagunt in die Geschichtsbücher ein.

Die »Weiße Küste« ist – weit vor den Balearen – Europas führende Wohnstatt von Nord- und zunehmend auch Osteuropäern, die kalter Winter oder gar langer, langer Polarnächte müde sind und lieber im Februar in einen Pool steigen oder im Meer schwimmen. Oder in der Weihnachtszeit auf dem Markt von Altea frisch gepflückte Orangen kaufen, um sie genüsslich und in Hemdsärmeln mit Blick über das in der Sonne glänzende Mittelmeer zu pellen. Lange Zeit als Altersruhesitz für Europas Rentner verschrien, legt Spaniens Levanteküste, weiß und heiß, nach Orangen und Meer, Kräutern und Hafen duftend, auch dieses Vorurteil ab. Immer mehr junge Gesichter stecken die Nase in ihre deutsche, niederländische, französische oder seit neuestem auch russische Lokalzeitung, haben ein Restaurant, einen Handwerksbetrieb, ein Hotel aufgebaut und sind zu dem stattlichen Heer der »Langzeiturlauber« gestoßen. Wer zum Urlaub an die Costa Blanca fährt, ist also gewarnt: Er besucht eine höchst ansteckende Küste.

Geschichtstabelle

Um 40 000 v. Chr.
Altsteinzeitliche Nomaden besiedeln erste Höhlen bei Villena

1700–900 v. Chr.
Die Keltiberer bauen befestigte Städte; Phönizier und Griechen siedeln an der Küste

600–300 v. Chr.
Blüte der iberischen Kultur, Gründung von La Alcudia bei Elche, reger Handel mit Griechen und Phöniziern; die Büste der *Dama de Elche* entsteht

237 v. Chr.–200 n. Chr.
Die Karthager erobern Spanien und gründen 227 Carthago Nova (Cartagena), 219 v. Chr. erobert Hannibal Sagunt; nach dem 2. Punischen Krieg römische Herrschaft, 138 v. Chr. Gründung von Valencia

3. Jh.–718
Zerfall des Römischen Reiches, Zerstörung von Illici (Elche) durch Alemannen; im 4./5. Jh. Christianisierung, im 6. Jh. kurze byzantinische Herrschaft um Cartagena, dann Westgotenherrschaft; 718 hält der Islam in Valencia Einzug

8. Jh.–1238
Bis ins 11. Jh. Blüte des Islams; in der Reconquista erobert 1093 erst der Cid, 1238 Jaime I von Aragonien Valencia; dessen Territorium wird Königreich

1609
Nach Reconquista und Inquisition lässt König Philipp II. die christianisierten Mauren (Morisken) und die Juden vertreiben

1707
Im Spanischen Erbfolgekrieg verliert Valencia seinen Rang als Königreich

19. Jh.
Napoleonische Kriege, Karlistenkriege, 1873 1. Republik, 1874 Wiedereinsetzung der Monarchie

1931
Verfassung der 2. Republik

1936–1939
Im Bürgerkrieg ist Valencia bis 1937 Hauptstadt der Republik

Ab 1940
Nach dem Sieg der nationalistischen Truppen bleibt Spanien im Zweiten Weltkrieg neutral; unter dem Diktator Francisco Franco zunächst Isolierung des Landes, 1955 UN-Beitritt; 1959 landet das erste Charterflugzeug aus England mit Benidorm-Touristen

1975
Franco stirbt, König Juan Carlos leitet die Demokratisierung ein; 1978 wird eine neue Verfassung angenommen

Ab 1982
Valencia wird Autonome Region; Spanien tritt 1982 der Nato, 1986 der EG bei

1999
Der Euro tritt, zunächst nur als Buchwährung, neben die Peseta; ein Erdbeben mit Epizentrum in Mula (Murcia) richtet beträchtliche Sachschäden an

2000
In Benidorm öffnet »Terra Mítica«, Spaniens größter Vergnügungspark, seine Pforten

Zufallsblüten und Krokusnarben

Wissenswertes über einen Landstrich, wo Wassermangel und Waldbrände notorisch sind

Autonomie

Dieses Buch führt durch die Regionen Valencia und Murcia, aber auch hinein nach Aragonien (Provinz Teruel) und Castilla-La Mancha (Provinz Cuenca). Autonome Regionen *(comunidades autónomas)* sind in Spanien, was den Deutschen ihre Bundesländer sind. Siebzehn an der Zahl, legen sie Wert auf die Wahrung ihrer jeweiligen Identität und sind ein wichtiger Pfeiler des politischen Systems, das in der *transición,* dem Übergang von der Diktatur Francisco Francos zur Demokratie, geschaffen wurde. Bereits vor Bürgerkrieg und Diktatur verfügten Katalonien und das Baskenland in der Zweiten Republik mit Autonomiestatuten über weitgehende Eigenständigkeit. An diese Tradition knüpfte das neue, demokratische Spanien 1977 an.

Azahar

Das spanische Wort für »Orangenblüte« stammt vom arabischen *zahr (zahar)* für »Blüte«.

Blüten und Früchte zugleich bietet die Apfelsine, der »Apfel aus China«

Die Blüte des Orangenbaums gilt als Symbol der Reinheit. Deshalb tragen spanische Frauen *azahares* in ihrem Hochzeitsstrauß, in die Haartracht oder ans Kleid gesteckt. Doch nicht nur deshalb: Weil auf arabischen Würfeln die Orangenblüte den höchsten Wert symbolisierte, steht sie seither stellvertretend für das Glück. Das spanische Wort für »Zufall«, *azar,* wurzelt daher ebenfalls im arabischen Wort für »Blüte«. Überhaupt sind viele spanische Wörter, die auf *az* beginnen, arabisches Erbe, zum Beispiel *azúcar* für »Zucker« (von *sukkar*). Ähnliches gilt für komfortable Dinge auf *al* wie die *almohada* (Kopfkissen, arabisch *[al]muhadda*).

Bacalao

Der Blick ins Wörterbuch lockt auf eine falsche Fährte. Gewiss meint *bacalao* zunächst den Kabeljau, getrocknet und gepökelt Grundlage für schmackhafte Gerichte. Verbreiteter aber ist das Wort längst als Bezeichnung für den Techno-Sound. Sich auf die *ruta del bacalao* zu begeben heißt: durch die Diskotheken ziehen, sich im Techno-Meer wie ein Fisch im Wasser fühlen, einförmig, aber glücklich wie ein Dorsch im Kabeljauschwarm.

Casas rurales
Als Alternative zum Sonne-und-Strand-Tourismus fördern die Regionen zunehmend den Tourismus im Hinterland. So entstanden zahlreiche zauberhafte *casas rurales,* ländliche Häuser für Ausflüge ins Hinterland oder für den Aufenthalt dort. Auf eine Reihe solcher kleiner Hotels oder Ferienhäuser, die auch Freizeitsport anbieten, wird bei den Ortsartikeln hingewiesen. Im Kapitel »Praktische Hinweise« finden sich Adressen für Auswahl und Reservierung.

Ferias, fiestas
Estar de fiesta bedeutet mehr als nur »ein Fest feiern«. Es ist ein Zustand des Ausgelassenseins, in den die Bewohner sich und ihr Dorf oder ihre Stadt versetzen, besonders zur *fiesta mayor,* der Hauptfeierlichkeit zu Ehren des oder der Schutzheiligen. Oft wird mit der *fiesta* eine *feria* verbunden, ein Markt, der selbst wiederum zum Fest wird.

Flamenco
Wer bei Flamenco nur an Sevilla denkt, denkt falsch. Die Prinzessin von Andalusiens Städten hat die *sevillana* berühmt gemacht, die weltweit als Synonym für Flamenco missverstanden wird. Das soll die Freude an dieser temperamentvollen Folklore nicht verderben, die auch an der Costa Blanca geboten wird. Flamenco jedoch ist zuallererst Gesang, *cante,* im Verein mit *toque* (Instrumentalmusik, meistens der Gitarre) und *baile,* dem Tanz, der durch das Stampfen *(zapateo)* ebenfalls musikalisch eingesetzt wird. Aus dem *cante* hört auch das ungeübte Ohr einen Teil seiner Wurzeln heraus: gregorianischen Gesang, byzantinische, jüdische und arabische Musik. Aus diesen Quellen speiste sich der Flamenco, der heute von vielen Interpreten mit dem Jazz in Verbindung gebracht wird, mit dem er eine vertrackte Rhythmik und den Hang zur Improvisation teilt. Und ebenso wie der Blues von den Schwarzen in den USA wurde der Flamenco von einer lange unterdrückten Minderheit entwickelt: den *gitanos,* dem spanischen Zweig des Zigeunervolkes, der unter der Inquisition die musikalische Tradition der toleranteren Epoche maurischer Herrschaft in Spanien weiterführte. Eine besonders charakteristische Form des Flamenco ist der *cante jondo,* klagend und melancholisch in der Melodie wie im Inhalt. Der Flamenco ist besonders stark regional geprägt. So hat etwa die Stadt La Unión bei Cartagena eine ganz eigene Form hervorgebracht: den *cante de las minas,* den Bergwerksgesang. Im August wird dieser Sonderform des Flamenco in La Unión ein Festival gewidmet.

Moros
Ähnlich wie die muslimischen Eroberer Spaniens das Land jenseits der Meerenge von Gibraltar *Al-Andalus,* »Land der Wandalen«, nannten, weil dieses Volk von dort im 5. Jh. nach Afrika übergesetzt war, wurde in Spanien von jeher jeder, der aus Afrika herüberkam, als *moro* abgestempelt, als »Maure«. Im Deutschen hat es sich eingebürgert, die unter islamischer Herr-

schaft in Spanien entstandene Kultur als »maurisch« zu bezeichnen. Dabei machten die arabisch-berberischen »Mauren« nur einen Teil der islamischen Völker aus, die seit dem Sieg des Feldherrn Tarik Ibn-Sijad über das Heer der Westgoten im Jahr 711 in das »Wandalenland« einwanderten. Im Spanischen dagegen spricht man von der *cultura árabe.* Während das Wort *moro* einigermaßen harmlos für die *Fiestas de Moros y Cristianos* benutzt wird, ist es im allgemeinen Sprachgebrauch ein abfälliges Wort für Einwanderer etwa aus Marokko.

Paradores und Landhotels

Paradores sind für viele Reisende der Inbegriff spanischer Hotelkultur. Doch was die staatliche Hotelkette bietet, das bietet inzwischen auch eine Vielzahl privater Hotels, oft zu günstigeren Preisen. In den Ortsartikeln sind deshalb manche Hotels als MARCO POLO Tipps ausgewiesen oder als Insider-Tipp hervorgehoben, die ebenso wie die Paradores historische Gebäude nutzen sowie Atmosphäre, Komfort und aufmerksamen Service bieten.

Religion

Dass man eine Kirche nicht besichtigen sollte, wenn dort gerade eine Messe gefeiert wird, kann als selbstverständlich gelten. Aber auch sonst ist es im sehr katholischen Spanien angebracht, Kirchen nicht als reine Sehenswürdigkeiten zu behandeln und die Andacht von Kirchenbesuchern zu respektieren. Ähnliches gilt für Karprozessionen und Wallfahrten. Naturgemäß ist man in Murcia ebenso stolz auf seine *cofradías* (Bruderschaften, die Marien- und andere Heiligenbilder sowie Kreuzwegdarstellungen, *pasos,* schmücken, tragen und geleiten) wie in Cuenca. Doch sollte man die Anweisungen der *nazarenos* respektieren, die unter langen Kapuzen die Prozessionen begleiten. Sie wachen nicht nur darüber, dass die Heiligenbilder würdig ihren Weg nehmen. Die tonnenschweren Gebilde auf den Schultern von Männern und zunehmend auch von Frauen sind nur schwer zu bremsen, wenn nachlässigerweise jemand ihren Weg kreuzt.

Safran

Seitdem die muslimischen Herrscher das zartrosa blühende Krokusgewächs im 10. Jh. aus Arabien mitbrachten, ist Safran auf den Feldern der Mancha, aber auch in der Comunidad Valenciana fest verwurzelt. Dass 1 g echten Safrans, womit die Blütennarben von *Crocus sativa* gemeint sind, im Handel stolze 800 Ptas kostet, liegt am Ernte- und Veredlungsprozess, der in reiner Handarbeit geleistet wird. Knapp 15 000 kg jährlich werden in Spanien über wohltemperierter Glut geröstet, davon 13 000 in der Mancha. Consuegra ist unbestrittenes Zentrum der *monda,* des Handverlesens der kostbaren Blüten.

Sorolla

Der impressionistische Maler Joaquín Sorolla aus Valencia (1863–1923) hat in seiner »Malerei des Lichtes« wie kein anderer Lebensart und Atmosphäre der Levanteküste eingefangen. Leichtigkeit und Lebensfülle drücken seine Bilder aus, nachdem er sich um die Jahrhundertwende ganz dem Impressionismus verschrieben hatte. Sorollas Impressionen in Valencias Museo de San Pío zu betrachten kommt einem Urlaub an der Levanteküste gleich.

Stierkampf

Nachdem im 18. Jh. der legendäre Pedro Romero im andalusischen Ronda die heutige Form des Stierkampfes entwickelt hatte, begannen die *matadores* in der Arena sich einen Namen zu machen. Valencia hat nur einen wirklich »großen« *torero* zur Ahnengalerie der Stierkämpfer beigesteuert, die von manchen Spaniern als Nationalhelden betrachtet werden: Manuel Granero. Er starb am 7. Mai 1922 in der Arena von Las Ventas in Madrid an einem furchtbaren Hornstoß des Stiers Pocapena (»Luftikus«).

Auch der Stier kann sich nämlich einen Namen machen – allerdings nicht dadurch, dass er einen *torero* auf die Hörner nimmt. Vom *toro bravo,* dem tapferen Stier, erwarten die *aficionados,* die Kenner und Freunde des Rituals, *casta* und *bravura:* Rasse und Tapferkeit. Erlangt der Stier die Gunst des Publikums, so applaudiert es seinem Kadaver, wenn dieser nach vollendeter *estocada,* dem Todesstoß, aus der Arena geschleift wird. Zum Stierkampf zu gehen nennen die Spanier mit Bewunderung für das mächtige Tier *ver a los toros:* die Stiere sehen. So schwer das für den Außenstehenden auch zu begreifen ist: Die Liebhaber der *tauromaquia,* des Stierkampfes, sehen in diesem Ritual keine Tierquälerei, sondern eine würdige Inszenierung des Todes.

Das Ritual hat drei Akte. Zunächst reizen *toreros* und *matadores* (»Stiertöter« – sie haben diesen Titel nach jahrelanger Erfahrung mit jüngeren Kampfstieren, *novillos,* erworben) den Stier mit der gelblila *capota.* Zum ersten Mal macht der nunmehr sechsjährige *toro* mit dem Tuch Bekanntschaft. Stiere sind klug und lernen sehr schnell, dass ihre Hörner hinter dem Tuch ins Leere gehen. An der Art, wie der Stier das Pferd des *picador* angreift, erkennen die *aficionados* seine Klasse. Der Reiter nutzt den Angriff dazu, mit seiner Lanze die Nackenmuskeln des Stiers zu schwächen und ihn für die *faena* gefügig zu machen. Im zweiten *tercio* (Drittel) wird der Stier mit *banderillas* gereizt, Holzpflöcken mit stählernen Widerhaken, die der *banderillero* dem Stier im freien Lauf in den Rücken pflanzt. Im dritten *tercio,* der *faena,* führt der *matador* mit der roten *muleta* den Stier in einer Vielzahl von Figuren dicht an seinem Körper vorbei. Zwanzig Minuten nachdem zum ersten *tercio* geblasen wurde, muss der *matador* die *estocada* führen, den Todesstoß, auch *suerte* (Glück) genannt. Der *torero* stößt dem Stier seinen Degen zwischen die Schulterblätter und kommt dabei den Hörnern bedenklich nahe.

Suelta de vaquillas

Zu *ferias* und *fiestas,* sogar am Ostersonntag, werden in vielen Städten und Dörfern wilde junge Kühe oder Stiere losgelassen, an denen Einheimische und zunehmend auch Touristen ihren Mut erproben. An der Levanteküste veranstaltet man dieses Spektakel mit Vorliebe auch bei Dunkelheit und bindet den Tieren Fackeln an die Hörner, was ein mitunter entwürdigendes Schauspiel ist. Doch es gibt auch andere Beispiele, Tiere in den Mittelpunkt von Festen zu stellen: Bei der *suelta de vaquillas* am Hafen von Dénia jagen junge Stiere wagemutige Männer und Frauen über die Hafenmauer und landen dabei selber meistens im Wasser. *Bous a la Mar* heißt das Schauspiel. In Caravaca de la Cruz sind geschmückte Pferde die Hauptakteure der *fiesta.*

Valenciano

Überall an der Costa Blanca spricht man spanisch. Doch die Sprache der *Comunitat* ist nicht Spanisch, wie die beiden *t* in der offiziellen Landesbezeichnung beweisen. Sie ist aber auch nicht Katalanisch: Die eingesessenen Valencianer verbitten es sich vehement, das *valenciano* als Dialekt des Katalanischen einzustufen.

Den Reisenden bringen diese Sprachwirren bisweilen bei Hinweisschildern in Schwierigkeiten. Sucht er den Hafen, so kann statt *puerto* das valencianische *port* auf den Schildern stehen. Die Aufschrift *»Jutjat«* neben dem Symbol eines klassizistischen Portals führt nicht zu einem Museum, sondern zum Gericht, spanisch *juzgado.* Ob eine Stadt unter ihrem spanischen oder ihrem valencianischen Namen geführt werden möchte, entscheidet jeder Stadtrat selber. Leider ist die Beschilderung an Autobahnen und Landstraßen uneinheitlich. Das ist bei Alicante (valencianisch Alacant) oder Castellón de la Plana (Castelló) weniger tragisch als etwa bei Elche (Elx), Játiva (Xàtiva) oder Villajoyosa (La Vila Joiosa). Da hilft oft nur die Intuition weiter.

Waldbrände

1996 brannten in der Region Valencia 731 ha Wald nieder. Das war die günstigste Bilanz seit fünfundzwanzig Jahren, dank günstiger Winde und rund 5000 Helfern von der Feuerwehr bis zum Forstschutz. Von Januar bis August 1999 verbrannten 5900 ha Wald. Wer Flammen sieht, sollte umgehend unter der in Valencia und Murcia schon gültigen allgemeinen Notrufnummer 112 die Behörden informieren. Die Feuerwehr antwortet auch unter 085, unter 091 die Policía Nacional, unter 062 die Guardia Civil. Wer leichtsinnig mit Feuer hantiert, muss in Spanien mit empfindlichen Bußgeldern rechnen. Wer fahrlässig oder vorsätzlich einen Waldbrand auslöst, wird mit Gefängnis bestraft.

Wasser

Wasser ist an der Levanteküste ein kostbares, weil knappes Gut. Leitungswasser hat oft einen hohen Chlorgehalt und ist nicht überall trinkbar. Die Landwirtschaft und auch die Trinkwasserversorgung kommen in der Region nur dank jährlicher Wasserlieferungen über eigens gebaute Kanäle *(transvases)* aus nördlichen Gefilden über die Runden. In der Region fällt die jährliche Niederschlagsmenge nicht selten an einem einzigen Tag. Dann gehen bei lokalen Gewittergüssen – der gefürchteten *gota fría* – binnen Stunden über 200 l/m^2 nieder. Scheinbar trockene Flussläufe, niedrig gelegenes Gelände, Landstraßen und Hanglagen sind dann zu meiden.

ENTRADA
Madalenas
HORCHATA DE CHUFA
NATURAL
PENISCOLA
Fiestas Patronales '97

Meer, Land und Geschichte in einer Reispfanne

Die Paella ist ein Ritual valencianischer Lebensart

Bei Spanien, insbesondere bei Valencia, denkt so mancher zuallererst an Paella. Und wundert sich dann, wenn er sie in Alicante nicht auf der Speisekarte findet. Denn die Paella heißt hier schlicht *arroz* (Reis), wird jedoch genauso in der *paella* zubereitet, der traditionellen Reispfanne, mit Olivenöl und dem Saft der Zutaten von Gemüse über Fisch und Meeresfrüchte bis hin zu Geflügel, Fleisch und Wild.

Mit einer Paella hat man die Essenz der Küste auf dem Teller. Meer und Land verschmelzen zu einem Armeleuteessen, das längst in die hohe Küche Eingang gefunden hat. Für den Schriftsteller Manuel Vázquez Montalbán ist die Paella ein Schauspiel valencianischer Lebensart, »ein rituelles Gericht schlechthin«.

Bei den *fallas* von Valencia schmurgeln Paellas an vielen Straßenecken, und bei zahllosen *fiestas* ist es der ganze Stolz des Dorfes, was da in der riesengroßen Reispfanne gart. Als Abendessen schätzen die Valencianos die Paella übrigens nicht – sie ist ein Mittagsgericht, und in ihrer reinsten Form ist sie ein geselliges Festessen im Freien.

Eine spanische Institution: die Bar, wo man sich bei einem Gläschen, einem Espresso zum Plausch trifft

Auch die Geschichte schmort mit. Griechische Siedler brachten im 1. Jahrtausend v. Chr. die ersten Ölbäume an die Küste. Die Araber steuerten Reis und Safran bei, der das Gericht leuchten lässt wie pures Gold.

Im Hinterland kocht der Reis nicht in der *paella,* sondern in der *olla de barro,* einem flachen Tontopf. Außer frischem Gemüse aus den *huertas* kommen auch Linsen *(lentejas),* Bohnen *(judías)* und andere Hülsenfrüchte in die *olla.*

Weil der Reis als neutrale Grundlage der Kreativität keine Grenzen setzt, hat sich längst so mancher Spitzenkoch mit der Paella auseinander gesetzt. Man probiere in Alicante *arroz caldoset* mit feinem Speisefisch *en su punto,* auf den Punkt gegart. Seinen Ursprung hat der *caldoset* im *arroz a banda,* wie er etwa auf der Insel Tabarca gepflegt wird, wo die Fischer den nicht markttauglichen Teil ihres Fanges so zubereitet selbst verspeisten. Guter *arroz* lässt mindestens vierzig Minuten auf sich warten. Denn so lange dauert es, wenn Reis und Zutaten gemeinsam zubereitet werden. Wird der Reis pechschwarz serviert, ist er dem Koch nicht etwa angebrannt. Dann handelt es sich um *arroz negro,* bei dem der schwarze Farbstoff von *chipirones* oder *calamares* mitverarbeitet wurde, zwei Tintenfischarten. Auf diese Idee sind die kreativsten aller Köche gekommen: die Basken.

Wer in Spanien auf gutes Essen aus ist, fährt am besten, wenn er der Grundregel folgt: Auf die Spanier ist beim Essengehen Verlass. Deshalb bevorzugen wir Restaurants, in denen Einheimische essen, und wir essen dann, wenn *sie* essen, und das, was *sie* essen oder was uns der Ober und die Tageskarte empfehlen.

An der Costa Blanca isst man siebenmal am Tag. Nach einem kleinen Frühstück mit *café* und *bollo* (süßes Teilchen) schlägt gegen 11 Uhr die Stunde des *almuerzo.* Wie die Spanier nach einem Bier oder Wein am Vormittag den Tag überstehen, weiß niemand so genau. Sicher spielt die *tapa* eine wichtige Rolle. Der kleine Happen zum Gläschen ist längst eine eigene gastronomische Sparte voller Köstlichkeiten der mediterranen Küche. Wen *caña* (Glas Bier) oder *copa de vino* zum zweiten Frühstück überfordern, der wartet bis zur dritten Mahlzeit: dem *aperitivo* kurz vor dem Mittagessen. Den Appetit anzuregen, ohne ihn zu verlieren, ist jetzt die hohe Kunst des *picoteo,* eine Sonderform des *tapeo,* bei der man mit spitzen Fingern Vor-Vorspeisen »pickt«.

Um 14 Uhr ist Mittagessenszeit. Die *comida* zieht sich zwei Stunden lang hin, wenn man eine gemütliche *sobremesa* – Beisammensitzen beim *café* – der *siesta* vorzieht, dem sprichwörtlichen Mittagsschläfchen. Wo Spanier zu Mittag essen, wird meistens ein Menü angeboten. Schon ab 1000 Ptas bekommt man Vorspeise, Hauptgericht und Nachtisch oder *café* mit Hauswein und Brot inklusive, und man hat dabei freie Wahl zwischen mehreren Angeboten, die den Gerichten auf der Karte nicht nachstehen.

Eine besondere Station des Tages ist die *merienda* am Nachmittag. Zum Kaffee kitzelt hier süßes Naschwerk den Gaumen, so etwa zur Fastenzeit der *arandi,* ein Kuchen mit Mandeln, die ebenso wie der Zucker ein Erbe der einstigen arabischen Herren und ihrer gelehrigen christlichen Schüler sind, oder die weihnachtlichen *turrones,* ein köstliches Mandel-Nougat-Gebäck. Wenn's heiß ist, ist *horchata* ein ideales *merienda*-Getränk. Dieses aus Erdmandeln *(chufas)* hergestellte Labsal muss wirklich kalt getrunken werden. Dann entfaltet es bei leicht sandiger Konsistenz ein Aroma, bei dem man die Kühle eines frisch verputzten Gewölbes zu spüren meint.

Ob man sich zur *cena* gegen 22 Uhr hinsetzt oder sein Abendessen in bester *tapa*-Tradition stehenden Fußes zu sich nimmt, bleibt jedem selbst überlassen. Für Mägen, die vor dem Schlafengehen knurren, haben die Valencianos den *resopón* erfunden: noch mal zu Abend essen.

Wo und wie man isst, entscheidet sich oft erst unterwegs.

Darum hat ein Restaurant zumeist eine *barra,* an der man die Spezialitäten des Hauses als *tapa* probieren kann. Im *chiringuito* hingegen stärkt man sich da, wo unvermittelt der Hunger auftritt: am Strand. Hier sind gegrillte Sardinen oder Meeresfrüchte angesagt. An der Costa Blanca bringt man die köstlichsten Krustentiere auf das *plancha*-Blech: *langostinos, cigalas, langostas* und in besseren Restaurants *gambas* aus Dénia, die trotz ihres Preises zur Sucht werden können, ebenso wie die seltenen *langostinos* aus dem Mar Menor. In Öl fritiert werden *boquerones,* Sardellen, die man mit Kopf und knuspriger Flosse verspeist, und, etwa, der aromatische *salmonete* (Rotbarbe).

Vorsicht übrigens bei *gazpacho:* Anstelle der kühlen andalusischen Gemüsesuppe wird unter diesem Namen oft eine schmackhafte *olla* mit Hühnchen- und Kaninchenfleisch serviert. Während in Nordspanien hervorragendes Rindfleisch produziert wird, kaut sich das aus der Region etwas schwer. Wurstwaren sind mit Kräutern aus den Sierras herrlich gewürzt, etwa die körnige Streichwurst *sobreasada,* ferner *longanizas* und *morcillas.* Bei *quesos,* der Käseauswahl, greift man zu Schafskäse aus der Mancha oder, mit etwas Mut, zu *cabrales* aus Asturien, der unglaublich aromatisch ist und mit Schärfe den Gaumen erobert. Wirklich guter *jamón* (Schinken) kommt aus Andalusien und aus der Extremadura. *Jamón serrano* heißt alles, was gepökelt wurde. Hinter der Bezeichnung *jamón ibérico* hingegen verbirgt sich luftgetrockneter Schinken von »iberischen« Schweinen. Diese Schweine haben ausschließlich Steineicheln gefressen, wenn der Schinken den Zusatz *de bellota* trägt. Ähnlich wie einen guten Wein lässt man die fein von Hand geschnittenen Scheiben auf der Zunge zergehen, wo sie ein unvergleichliches Aroma entfalten. Ein leichtes Kratzen in der Kehle rundet den Genuss ab.

Auf über 120 000 ha Fläche wird in der Region Wein angebaut, mit insgesamt sechs Herkunftsbezeichnungen *(D.O., denominación de origen).* Gewiss, die »großen« Roten kommen aus der Rioja, hervorragende Weiße auch aus Galicien. Doch erzeugen auch die *bodegas* der Levante zunehmend Qualität. Das gilt schon seit langem für das Anbaugebiet Utiel-Requena, wo seit je einer der besten Roséweine Spaniens gekeltert wird. Die jungen, frisch-fruchtigen Weißweine aus der D.O. Valencia schmecken ausgezeichnet zum Meeresgetier, die vollsüßen *moscatels* zum Dessert. Inzwischen lässt man zunehmend rote *tintos* in Eichenfässern reifen, was vereinzelt beachtliche *crianzas* und *reservas* entstehen lässt. Während letztere zwischen acht Monaten und zwei Jahren in Eichenfässern lagern, wird der alicantinische *Fondillón* zwanzig Jahre lang im Fass ausgebaut. Er bringt es leicht auf 16 Prozent Alkoholgehalt und wird gern nach einem üppigen Mahl getrunken.

Auf die dunkle, ausgewogene Monastrelltraube setzt man im murcianischen Jumilla, wo im August ein viel besuchtes Weinfest gefeiert wird, ebenso wie in Yecla und in Bullas, wo neben Roséwein zunehmend bessere Rotweine abgefüllt werden.

Für die Seide kam jede Hilfe zu spät

Dank 3000 Jahren Tradition braucht man an der Costa Blanca keinen Ramsch zu kaufen

Dass Touristen Ramsch kaufen und damit zum Niedergang regionaler Eigenheiten beitragen, trifft auf die Costa Blanca nicht zu. In Coy und La Paca etwa werden bis heute und in großem Maßstab *jarapas* hergestellt, weil Touristen diese farbenfrohen Webteppiche aus Baumwolle heiß begehren. Vielleicht kamen sie zwei Jahrzehnte zu spät, engagierte *residentes* aus Nordeuropa ebenso wie Aussteiger aus Spanien mit Begeisterung für lokale Traditionen: Die Seidenindustrie von Murcia und Valencia ist heute ausgestorben. Doch das Schicksal der Seidenraupe ist eher eine Ausnahme. In vielen Orten hat nicht zuletzt das Engagement von »Zugereisten« zum Erhalt alter Bräuche beigetragen. In Agost unterstützt eine deutsche Bewohnerin die Töpfer mit einem Museum darin, überlieferte Methoden zu pflegen.

Oft haben örtliche *fiestas* kunsthandwerkliche Fertigkeiten am Leben erhalten. So werden in Agost traditionelle Tonpfeifen gebrannt, weil damit am Ostersonntag in Alcoy lärmend die Auferstehung Christi gefeiert wird. Weil man für die *Fiestas de Moros y Cristianos* Pulvergewehre braucht, stellt man in Alcoy auch Donnerbüchsen her. Ein durch und durch arabisches Erbe ist die Zuckerbäckerei. Kurioserweise sind es oft Schwesternorden wie in Orihuela, bei denen man die süßesten Genüsse wie etwa *pella* und *polvorón* erstehen kann. Das klassische Weihnachtsgebäck *turrón* hat seine Hochburg in Jijona. *Alpargatas* für die Füße und anderes Flechtwerk aus Espartogras werden besonders im murcianischen Cehegín gefertigt. Flechtwerk aus gebleichten Palmwedeln sollte man nur in Elche kaufen, Seidenstickerei in Lorca und Caravaca de la Cruz. Zentren für Kunsthandwerk bieten vielerorts ausgesuchte Produkte aus heimischer Produktion. Im Übrigen sollte man auch die internationale spanische Mode nicht verachten, schon wegen der günstigen Preise. Delikatessen und frische Lebensmittel findet man in Markthallen und auf Wochenmärkten im richtigen Ambiente.

Wären handgearbeitete Häkeldecken nicht ein ansehnliches Mitbringsel?

Donnerschläge und Tomaten

Rund um Valencia und Murcia zücken Christen und Mauren jedes Jahr aufs Neue die Schwerter

Mit Pracht und Andacht feiern die Bewohner der Costa Blanca ihre *romerías,* zu Volksfesten gewordene Wallfahrten. Dazu kommen die Freude an Verkleidungen und eine unbändige Lust am Lärm: Mit Schwarzpulver und Schwertergeklirr lebt bei den *Fiestas de Moros y Cristianos* die Reconquista wieder auf. Feuerwerk und Böllerschüsse gehören zu *fallas* und *hogueras.* In der Karwoche trommeln die *tamboristas* die christliche Botschaft in die Welt. In Buñol liefert man sich im August eine saftige Tomatenschlacht, die *Tomatita.*

OFFIZIELLE FEIERTAGE

1. Jan.: *Año Nuevo,* Neujahr
6. Jan.: *Epifanía del Señor,* Erscheinungsfest (nur in Murcia wechselnder Feiertag)
19. März: *San José,* Josephstag (nur in Valencia)
März/April: *Jueves Santo,* Gründonnerstag (nur in Murcia), *Viernes Santo,* Karfreitag, *Lunes de Pascua,* Ostermontag (nur in Valencia)
1. Mai: *Día del Trabajo,* Tag der Arbeit
Mai/Juni: *Corpus Christi,* Fronleichnam (gefeiert am darauf folgenden Sonntag)
9. Juni: *Día de la Región de Murcia,* Feiertag der Autonomen Region Murcia
15. Aug.: *Asunción de la Virgen,* Mariä Himmelfahrt (wechselnd)
9. Okt.: *Día de la Comunidad Valenciana,* Feiertag der Autonomen Region Valencia
12. Okt.: *Día de la Hispanidad,* Tag der Entdeckung Amerikas
1. Nov.: *Todos los Santos,* Allerheiligen
6. Dez.: *Día de la Constitución Española,* Verfassungstag
8. Dez.: *Inmaculada Concepción,* Mariä Empfängnis
25. Dez.: *Navidad,* Weihnachten

Jeder Ort, der auf sich hält, gibt alljährlich seine Fiesta de Moros y Cristianos: je prächtiger, desto besser

ÖRTLICHE FESTE UND VERANSTALTUNGEN

Januar

Am 5. reiten bei den *cabalgatas* die Heiligen Drei Könige durch alle Städte, in Alcoy besonders prachtvoll.

Februar
Am 1. beginnt in Sax der Reigen der *Fiestas de Moros y Cristianos;* am zweiten Wochenende folgt Jijona. Am letzten Freitag vor der Fastenzeit beginnen die *carnestoltes;* besonders bunt ist der Karneval in Alicante, Benidorm und Torrevieja. Am Aschermittwoch »beerdigt man die Sardine«, wehmütig und mit viel Witz in Pego.

März
Ab dem 12. werden in ★ Valencia, Benidorm, Dénia, Calpe, Pego und Gandía die *fallas* errichtet. Am 19., dem Josephstag, gehen die satirischen Riesen aus Holz und Pappe bei ohrenbetäubendem Feuerwerk in Flammen auf.

März/April
Zum Palmsonntag *(Domingo de ramos)* begleitet in Elche Geflecht aus Palmwedeln die Prozession. In ★ Mula ist die Nacht auf Mittwoch in der Karwoche die *Noche de los tambores.* Schweigend und oftmals barfuß begleitet man in Elche, Benidorm, Alicante, Valencia und Murcia die Prozessionen zum Gründonnerstag. In Moratalla lassen Gründonnerstag, Karfreitag und Ostersonntag *tamboradas* die Luft mit Paukenschlägen erzittern. Ehrgeizige Andacht verzaubert Lorca am Karfreitag. In Cuenca ist die Nacht zum Karfreitag die »Nacht der Betrunkenen«. Die ganze Woche hindurch bietet die *Semana de la Música Religiosa* ein anspruchsvolles Programm religiöser Musik. In Valencia bekämpft *La Moma,* ein ganz in Weiß als Frau verkleideter Mann, die sieben Todsünden.

April
Vom 21. bis zum 24. feiert ★ Alcoy seine legendäre *Fiesta de Moros y Cristianos,* vom 22. bis zum 25. Bañares.

Mai
Am 1. schmückt man in Alicante die Maikreuze. Caravaca de la Cruz feiert vom 1. bis zum 3. mit geschmückten Pferden ★ *Los Caballos del Vino.* In ❂ Torremanzanas tragen am 9., *San Gregorio,* zu Ehren von St. Gregor von Nazianz junge Frauen kiloschwere süße Brote, das *pà beneit,* auf dem Kopf zur Pfarrkirche.

Juni
Zu Ehren von St. Johannes dem Täufer brennen in der Nacht auf den 24., *San Juan,* die Sommernachtsfeuer. In Alicante sind diese *horgueras* kunstvolle Riesengebilde aus Holz und Pappe. Ab dem 20. Böllerschusswettbewerbe. Von eigenem Reiz sind die Johannisfeuer an den Stränden etwa von Valencia, Benidorm und Calpe. *Fiestas de Moros y Cristianos* in Elda (4.–8.), Teulada (12.–14.), am Monatsende in Pego (mit Riesenpaella).

Juli
Die ersten beiden Wochen gehören in Dénia der *fiesta mayor;* bei *Bous a la Mar* gehen wilde Jungstiere und Herausforderer baden. Am 16. zu Ehren der *Virgen del Carmen,* Schutzpatronin der Fischer, Schiffsprozessionen in Benidorm (So danach), El Campello (Riesenpaella am So zuvor), Gandía, Insel Tabarca, Jávea, Santa Pola, Villajoyosa, Torrevieja und San Pedro del Pinatar (Murcia). *Fiestas de Moros y Cristianos* in Novelda (14.–26.),

MARCO POLO TIPPS FÜR FESTE

1 Los Caballos del Vino
Festlich geschmückte Pferde in Caravaca de la Cruz (Seite 26)

2 Noche de los tambores
Trommelekstase in Mula in der Nacht zum Mittwoch in der Karwoche (Seite 26)

3 Fallas
Zu San José lässt man es in Valencia brennen und krachen (Seite 26)

4 Moros y Cristianos
In Alcoy erreicht dieser Brauch monumentale Ausmaße (Seite 26)

Orihuela (15.–22.), Cox (16.), Jávea (drittes Wochenende) und Villajoyosa (24.–31.). In Sagunt in der zweiten Monatshälfte *Fiesta de la Virgen del Buen Suceso.*

August
In der ersten Monatshälfte in La Unión *Festival del Cante de las Minas,* ein Wettbewerb für Interpreten einer gesungenen Form *(cante)* des Flamenco aus den Bergbaurevieren der Region; interessant für Freunde des nichtfolkloristischen Flamenco. 14 Tage feiert Elche seine *fiesta mayor;* den Abschluss bildet am 15., Mariä Himmelfahrt, das mittelalterlich-barocke *Misteri d'Elx. Fiestas de Moros y Cristianos* in Dénia (14.–16.) und Jijona (23.–25.). Zweite Monatshälfte *Fiesta de la Vendimia* (Weinfest) in Jumilla. Letztes Wochenende *Tomatita in Buñol.*

September
Santa Pola (1.–8.) eröffnet den Reigen der *Fiestas de Moros y Cristianos.* Es folgen Villena (4.–9.), und Altea (Monatsmitte). In Sueca in der ersten Monatshälfte *Fiesta del arroz.* 6.–15. *Virgen del Remedio* in Utiel mit Weinfest. In Orihuela in der ersten Monatshälfte *fiestas* zu Ehren der *Virgen de Monserrate.* Cartagena lässt in der zweiten Monatshälfte mit den *Fiestas de Cartagineses y Romanos* Geschichte aufleben.

Oktober
Am ersten Wochenende *fiestas* zu Ehren der *Virgen del Rosario* in Guardamar, Torrevieja und Petrel. Auf Allerheiligen hin ab 29. *Fira de Tots Sants* in Cocentaina. *Fiestas de Moros y Cristianos* in Benidorm (11.–13.) und Calpe (19.–23.).

November
Benidorm feiert die *Virgen del Sufragio* (9.–13.).

Dezember
Onil feiert Heiligabend mit Fackeln und Feuer bei der *Rodà de Fachos.* In Alcoy wird die Marionettenkrippe *Belén de Titisiti* lebendig. »Aprilscherze« macht man am 28., *Día de los Santos Inocentes,* dem Tag der Unschuldigen Kinder. In Ibi übernehmen mehlgepuderte *enfarinats* als Narren das Zepter des Bürgermeisters. An Heiligabend Volkstänze in den Straßen. In Agost tanzt man am 27. die *Danzas del Rey Moro.*

Wo die Orangen blühn

Sagenumwobene Städte, endlose Strände, Reisfelder, Burgen und Gebirge

Ein Duft tauft den nördlichen Teil der Costa Blanca jedes Jahr aufs Neue: die *Costa del Azahar,* die »Orangenblütenküste«. Im Frühjahr erfüllt das Blütenmeer den fruchtbaren Küstenstreifen von Castellón bis hinab nach Gandía mit seinem Aroma. Dass Jaime I, nachdem er den Mauren das Gebiet abgetrotzt hatte, 1238 das Königreich Valencia gründete, das bis nach Murcia und hinauf bis Katalonien reichte, gibt vielen

Der Micalet, Valencias Wahrzeichen

Hotel- und Restaurantpreise

Hotels

€€€:	ab 15 000 Ptas
€€:	9000–15 000 Ptas
€:	bis 9000 Ptas

Die Preise gelten für ein Doppelzimmer. Die Mehrwertsteuer *(IVA)* von 7 Prozent wird üblicherweise dem Zimmerpreis zugeschlagen. Ebenso ist bei zahlreichen Hotels das Frühstück nicht im Zimmerpreis inbegriffen. Der verbindliche Zimmerpreis muss im Zimmer angebracht sein.

Restaurants

€€€:	ab 7000 Ptas
€€:	4000–7000 Ptas
€:	bis 4000 Ptas

Die Preise gelten für ein durchschnittliches Essen *a la carta* und umfassen drei Gänge sowie eine halbe Flasche Wein des Hauses je Person. Für gewöhnlich mittags, oft auch abends bieten viele Restaurants weitaus günstigere Menüs an, bei denen man je Gang eine gute Auswahl hat. Hier zuzugreifen ist nie verkehrt.

Wichtige Abkürzungen

Avda.	*Avenida* (Allee, Chaussee)
Ctra.	*Carretera* (Landstraße)
C/.	*Calle* (Straße)
Pl.	*Plaza* (Platz)
P.°	*Paseo* (Boulevard)
s/n	*sin número* (ohne Hausnummer)
Urb.	*Urbanización* (Siedlung)

MARCO POLO TIPPS FÜR VALENCIA UND DIE COSTA DEL AZAHAR

1. **Micalet**
Wahrzeichen Valencias und Auslug für die *huerta* (Seite 39)

2. **Convento de Santo Domingo in Valencia**
Das Sterngewölbe der Capilla Real ist eines der schönsten Werke der mediterranen Gotik (Seite 38)

3. **Campo de Golf El Saler**
Der beste Golfclub an der Costa (Seite 43)

4. **La Lonja de la Seda in Valencia**
Eine gotische »Kathedrale« für Seiden- und andere Händler (Seite 37)

5. **Morella**
Eine der schönsten Städte im Hinterland der Costa del Azahar (Seite 32)

6. **Cuenca**
Die Stadt am Rand der Mancha hat ihr historisches Zentrum bewahrt (Seite 34)

heutigen Valencianern ein ausgeprägtes Nationalgefühl. Doch nicht in den fruchtbaren Niederungen begann das Leben an der Costa del Azahar, sondern in den Sierras, die sich landeinwärts bis über 1800 m hoch auftürmen. In zahlreichen *cuevas* zeugen Höhlenmalereien von frühen iberischen Kulturen, die um 500 v. Chr. in Nachbarschaft der Phönizier an der Küste aufblühten und mit dem heftig umkämpften Sagunt untergingen.

Drei Jahrtausende haben die Küste zu dem duftenden Garten von heute gemacht: Wo einst endlose Sümpfe waren, haben die Araber mit dem Reisanbau den Grund für die valencianische Küche gelegt. Zwischen den Ruinen römischer Aquädukte, maurischer und christlicher Burgen reift in den Sierras Wein, den die Römer in diesen Garten brachten. Hier bleibt kein Tropfen Wasser ungenutzt. Längst hat der Tourismus die langen Sandstrände der Orangenblütenküste erobert, ein Tourismus, der nie sonderlich von sich reden gemacht hat. Was Valencianos und andere Spanier an der Levanteküste tun, nennt man schlicht *veraneo:* die Kunst, diesen Garten zu genießen. Wem es zu heiß wird, der zieht sich in die Sierras zurück, hinter denen die schönsten Städte der Mancha und Aragoniens warten.

COSTA DEL AZAHAR

(111/D6–F1) Von Sagunt bis hinauf zu den lebhaften Fischerstädten Vinaròs und Benicarló erstrecken sich die Strände und Klippen der Costa del Azahar. Hier holt man frische *langostas* und *mejillones, salmonetes* und *doradas* aus dem Meer, das weitgehend sauber, tiefblau und kristallklar ist. Da die Gegend zweieinhalb Jahrtausende hindurch Grenzland zwischen Spaniens Königreichen, zwischen Christen und Mauren, Römern und Karthagern, Iberern und Griechen war, haben die Menschen hier eine sprichwörtliche Gelassenheit entwickelt. Alte Küstenfestungen ruhen im türkisfarbenen Meer, und von einer der höher gelegenen Klippen aus betrachtet, erscheinen die Strandhotels von Benicàssim kaum weniger malerisch. Statt Bollwerke gegen Piraten legt man heute palmengesäumte *paseos marítimos* an und baut Meeresbalkone in die sanfte Brandung – näher können sich Meer und Land nicht kommen. Die 1813 m hohe Sierra del Maestrazgo hält den Winter fern.

ZIELE AN DER COSTA DEL AZAHAR

Castellón (Castelló) de la Plana (111/E4)

Wale suchen die Gewässer um die *Islas Columbretes* von Januar bis Juni zur Paarung auf. Ohne Genehmigung darf niemand bei der 30 Seemeilen vor Castellón liegenden Inselgruppe ankern. Das Umweltministerium *(C/. Herrero, 23, Castellón, Tel. 964 35 80 00, Sa/So geschl.)* vergibt Genehmigungen und fährt die Inseln an. *Buenavista del Mar* fährt ab Vinaròs zum *Whalewatching (Tel. 964 45 58 61).*

In Castellón de la Plana (140 000 Ew.) misst man der Frage wenig Bedeutung bei, ob *Castelló* der katalanische oder der valencianische Name der Provinzhauptstadt ist. Man ist sich selber, der fruchtbaren Ebene La Plana und dem Meer am nächsten, dem die Stadt im 13. Jh. näher rückte, ihre iberischen Ursprünge in der Sierra de les Santes zurücklassend. Castellón wächst seither rund um seine *Plaza Mayor,* der frei stehende, achteckige, 58 m hohe Glockenturm der Kathedrale *El Fadri* markiert seit 1590 seine Mitte. An mehreren Stellen wird daran gebaut, die Stadt für das neue Jahrtausend unter dem Slogan »Castelló Cultural« aufzuwerten. Außer dem Kongress- und Musikpalast am nördlichen Stadtrand entsteht mit dem *Museu de Belles Artes* ein neues Kunst- und Archäologiemuseum, das *Espai d'Art (C/. Prim, Di–So 11–20 Uhr)* ist eine Adresse für Liebhaber zeitgenössischer Kunst.

Doch auch die gegenwärtige Museenlandschaft kann sich sehen lassen. Der *Convento de las Madres Capuchinas (C/. Núñez de Arce, 11, tgl. 16–20 Uhr)* zeigt Gemälde Zurbaráns, das *Museo Provincial de Bellas Artes y Arqueología (C/. Caballeros, 25, Mo–Fr 10–14 und 16–20, Sa 10–12.30 Uhr)* prähistorische Funde, Malerei vom 15. bis zum 20. Jh. und Keramik. Das *Museo de Arte Contemporáneo (C/. Diputación, 20, Vilafamés, 24 km außerhalb von Castellón, Di–So 11 bis 20 Uhr)* zeigt spanische Avantgardekunst. *Auskunft: Oficina de Turismo, Pl. María Agostina, 5, Tel. 964 22 10 00, Fax 964 22 77 03, Sa nachmittags und So geschl.*

Zahlreiche *chiringuitos* und Restaurants bringen am Hafen *El Grao,* 4 km vor der Stadt, Fangfrisches auf den Teller. Die *Tasca del Puerto (Avda. del Puerto, 13, Tel. 964 28 44 81, So abends, im Winter auch Mo geschl., €€)* ist eine Hochburg valencianischer Küche. Eine Alternative zu den Campingplätzen von Benicàssim, Borriana und Moncofa ist das Hotel *NH Mindoro (105 Zi., C/. Moyano, 4, Tel. 964 22 23 00, Fax*

Über dem Bergstädtchen Morella thront die auch als Ruine noch imposante Burg

964 23 31 54, €€). Unter den Höhlen am Rand der Plana sind die *Coves de Sant Josep (La Vall d'Uixó, tgl. 10.30–13.30 und 15.30 bis 20 Uhr)* mit ihrem 2,5 km langen unterirdischen See besonders aufregend.

Morella **(111/D1)**

★ El Maestrazgo – valencianisch El Maestrat – verdankt seinen Namen den Rittern des Montesa-Ordens, *maestres* genannt, die nach der Reconquista die unzugänglichen Sierras zwischen Valencia und Aragonien bewachten. Wie schwer sie es dabei hatten, kann man auf der kurvigen Carretera 323 nach Morella (2900 Ew.) nachempfinden. 1004 m über dem Meer erhebt sich die Stadt hinter einer 2,5 km langen Mauer aus dem 14. Jh. mit sechs mächtigen Toren. Über ihr thront auf einem Bergkegel die Ruine der einstigen *Burg (tgl. 10.30–19.30 Uhr).* Die *Basílica de Santa María la Mayor* aus dem 13. Jh. *(tgl. 11–14 und 16–18 Uhr)* ist der schönste Bau der Gotik weit und breit. In der *C/. Virgen* zeigt ein Bild aus bemalten Azulejos an der *Casa Rovina* das Wunder, das St. Vinzenz Ferrer hier 1414 gewirkt haben soll: Nach der Legende hatte eine Frau dem Gast mangels Fleisches ihren eigenen Sohn aufgetischt. Doch Vinzenz setzte den Knaben unversehrt zusammen; nur ein Finger ging beim Abschmecken verloren.

Spezialitäten der Gegend sind jedoch eher Honig *(miel)* und Käse *(queso del Tronchón).* Decken *(mantas de Morella)* und andere Handwerksartikel kann man in der *C/. Plaza* und der *C/. Virgen* erstehen. Das große Fest der Stadt ist alle sechs Jahre die *Fiesta El Sexenni* zu Ehren der *Virgen de Vallivana,* die nach 2000 für 2006 wieder ansteht. *Auskunft: Oficina de Turismo, Pl. San Miguel, Tel. 964 17 30 32, auch Sa/So geöffnet.*

In einem gotischen Adelspalast ist das *Hotel Cardenal Ram (19 Zi., Cuesta Suñer, 1, Tel. 964 17 30 85, Fax 964 17 32 18, €)* untergebracht. An der Straße nach *Zorita* liegt bei km 4,5 die einstige *Fábrica de Giner,* heute stilvolles Hotel *(24 Zi., Tel. 964 17 31 42, Fax 964 17 75 56, €).*

Im Palau dels Osset im 10 km westlich von Morella gelegenen *Forcall (20 Zi., Pl. Mayor, 16, Tel. 964 17 75 24, Fax 964 17 75 56, €)* sind Denkmalschutz und Komfort eins geworden. An der monumentalen *plaza* der kleinen Stadt (570 Ew.) trägt das Restaurant *Mesón de la Villa (Nr. 6, Tel. 964 17 11 25, im Sommer auch So abends geöffnet, Mo Ruhetag, €)* dazu bei, Forcall zu einem Geheimtipp für Genießer zu machen.

Peñíscola **(111/F2)**

Kurioserweise hat der mittelalterliche Held El Cid die Meeresfestung Peñíscola (4700 Ew.) bis 1961 geprägt: Als hier der berühmte Hollywoodstreifen gedreht wurde, zog man die heute höchsten Mauern des *Castell del Papa Luna* als Kulisse hoch. Von der *Atalaya* überblickt man aus 70 m Höhe den Fischerhafen und die verwinkelte Altstadt. Nur *El Bufador* verbindet den Felsen mit dem Festland und den *playas* mit ihren Strandhotels. Dank zahlreicher Bars, Pubs, Diskos und Terrassenlokale würde man auf der Festung heute jede Belagerung überstehen. Die südlich gelegenen Strände sollte man meiden. Schon Phönizier und Griechen befestigten den ins Meer ragenden Felsen; nach der Reconquista gaben die Tempelritter der Burg ihre heutige Gestalt. Die bis ans Meer reichende Stadtmauer stammt aus den Zeiten Philipps II. Im *Castell* lebte neun Jahre lang Gegenpapst Benedikt XIII., Pedro de Luna. Seine *Gemächer,* in denen er 1424 starb, kann man besichtigen *(C/. Castillo, tgl. außer 9. Sept., 6. und 25. Dez. 10–14.30 und 16 bis 20.30 Uhr).* Im *Museo del Mar (C/. Príncipe, s/n)* erfährt man alles über Seefahrt und Riesenmuscheln. *Auskunft: Oficina de Turismo, P.° Marítimo, s/n, Tel. 964 48 93 92, Fax 964 48 02 08.*

Reisgerichte mit Frischem aus dem Meer bietet *Casa Jaime (Avda. Papa Luna, 5, Tel. 964 48 00 30, Mi und im Winter So abends geschl., €€–€).* Unmittelbar am Strand liegt das Hotel *Hostería del Mar (86 Zi., Avda. Papa Luna, 18, Tel. 964 48 06 00, Fax 964 48 13 63, €€€–€€).*

Teruel **(110/A2–3)**

Die Hauptstadt der aragonesischen Provinz Teruel (31 000 Ew.) ist auch die Hauptstadt des Mudéjarstils, der ab dem 12. Jh. maurische Formen aufgriff. Drei Türme sind seine weithin sichtbaren Botschafter: *Torre de Santa María, Torre de San Martín* und *Torre del Salvador.* In der *Catedral de Santa María* ist die Holztafeldecke eine Chronik mittelalterlicher Gesellschaft, eingebettet in islamische Ornamente.

Auch die *Iglesia de San Pedro* (14. Jh.) krönen Turm und Türmchen im Mudéjarstil. In der *Capilla de los Amantes (tgl. 10–14 und 16.30–19.30 Uhr)* ruhen in barocken Marmorsarkophagen *Los Amantes de Teruel,* die »Liebenden von Teruel«; sie aus gutem Hause, er arm, konnten die beiden nach der Überlieferung im 13. Jh. zusammen nicht kommen. Das *Museo Provincial* zeigt eine hervorragende Sammlung von Keramik *(Pl. Fray Anselmo Polanco, 3, Di–Sa 10–14 und 16.30–19, So 10–14 Uhr).* Im Sept. finden sich zur *Feria del Jamón* Produzenten aus ganz Spanien ein. *Auskunft: Oficina de Turismo, C/. Tomás Nougués, 1, Tel. 978 60 22 79.*

Zum Übernachten lohnt der Weg ins 35 km entfernte *Albarracín* (1080 Ew.; **109/F3**). Im Zentrum liegt das anmutige Hotel *Casa de Santiago* (*5 Zi., Subida a las Torres, 11, Tel. 978 70 03 16, €*). Die Sakristei der Kathedrale zeigt Brüsseler Wandteppiche. Eine stolze Stadtmauer aus dem 11. Jh. zieht sich zur *Burg* hinauf. In der *C/. Azagra, 19* findet man bei *Jarreta García* Kunsthandwerk aus Schmiedeeisen und Keramik. Unweit liegt der *Parque Cultural del Arte Rupestre* mit prähistorischen Felszeichnungen.

CUENCA

(109/D4) ★ Am Rande der weiten zentralspanischen Hochebene der Mancha hängt Cuenca (45 800 Ew.) förmlich an den bizarren Felsen der Ausläufer der Serranía de Cuenca. Unter arabischer Herrschaft erlangte es Bedeutung als Festungsstadt über den Schluchten des Río Júcar und des Río Huécar. Nach seiner Eroberung 1177 durch Alfons VIII. schob Cuenca seine »hängenden Häuser«, die *Casas Colgadas*, bis auf den letzten Felsen vor. Die Altstadt, seit 1996 Kulturgut der Unesco, ist ein lebendiges Pflaster und mit ihren zauberhaften Hotels ein Ort für romantische Tage.

BESICHTIGUNG UND MUSEEN

Die Stahlbrücke für Fußgänger *Puente San Pablo* führt über die *Hoz del Huécar* in die Altstadt. Erstes »hängendes Haus« ist das *Museo de Arte abstracto* (*C/. Canónigos, s/n, Di–So 9–13.30 und 16–20 Uhr*), eine der besten Sammlungen spanischer Kunst des 20. Jhs. In der *C/. Obispo Vallero, 2* liegt das *Museo Diocesano* (*So nachmittags und Mo geschl.*). Bergan erreicht man die *Pl. Mayor*, deren Westseite das Portal der *Kathedrale* im Stil der normannischen Gotik beherrscht. Durch die barocken Torbogen des *Ayuntamiento* kommt man zur *Torre de Mangana*, einst Wachturm der maurischen Burg, von der Fundamente unterhalb der Aussichtsplattform zeugen. Es schließt sich das moderne, in die engen Gassen eingepasste *Museo de las Ciencias* an (*Pl. Merced, s/n, Di–Sa 10–14 und 16–19, So 10–14 Uhr*); dessen Höhepunkt ist das Planetarium. Geht man die *Pl. Mayor* aufwärts, gelangt man durch einen Torbogen von der C/. Severo Catalina hinab zu der im romanischen und im Mudéjarstil erbauten *Iglesia de San Miguel* über der Schlucht des Río Júcar. Über der Altstadt thronen die Reste der *Burg*.

Cuenca, Stadt der »hängenden Häuser«

RESTAURANTS

Im Herbst gibt es in jeder *tapa*-Bar *níscalos,* schmackhafte Pilze aus der Serranía. Spezialitäten sind *perdiz* (Rebhuhn), *trucha escabechada* (eingelegte Forelle) und die Wild- und Schweineleberpaste *morteruelo.*

Horno de las Campanas

Eine der gepflegten Adressen der Altstadt. *C/. San Pedro, 60 (Hotel Leonor de Aquitania), Tel. 969 23 10 00, tgl., €€–€*

Mesón Casas Colgadas

Gute regionale Küche, mit Traumblick auf »hängende Häuser«. *C/. Canónigos, 3, Tel. 969 22 35 52, Di abends geschl., €€*

Mesón Bar Tabanqueta

Hier essen die Einheimischen zu Mittag oder umlagern die Bar mit Blick über den Río Júcar. *C/. Trabuco, 13, Tel. 969 21 12 90, tgl., €*

Restaurante San Nicolás

Bekannt für seine Wildspezialitäten. *C/. San Pedro, 15, Tel. 969 21 22 05, tgl., €€*

EINKAUFEN

Einen eigenen Töpfereistil pflegen *Adrián Navarro (C/. Pilares, 7, Ecke Pl. Mayor, Tel. 969 21 28 28)* und die *Alfarería de Luis de Castillo (Pl. Mayor, 11).* Die *Asociación de Artesanos (Iglesia de Santa Cruz, C/. Santa Catalina, s/n, So abends und Mo geschl.)* hat eine ständige Verkaufsausstellung. Das Gebäude wird derzeit erweitert und ist vorübergehend geschlossen; die Wiedereröffnung ist für März 2001 geplant.

ÜBERNACHTUNG

Camping Caravaning Cuenca

Stützpunkt in der Schlucht des Júcar. *600 Plätze, Ctra. Cuenca–Tragacete, km 8, Tel. 969 23 16 56, ganzjährig*

Leonor de Aquitania

In einem mittelalterlichen Altstadthaus; gediegenes Interieur, manche Zimmer mit Blick über den Río Huécar. *49 Zi., C/. San Pedro, 58, Tel. 969 23 10 00, Fax 969 23 10 04, €€*

Parador de Cuenca

Das 1994 in dem ehemaligen Kloster San Pablo aus dem 16. Jh. eröffnete Edelquartier bietet stilvollen Luxus, Schwimmbad, Tennis, Sauna – und einen hinreißenden Blick auf die *Casas Colgadas. 62 Zi., Hoz del Huécar, s/n, Tel. 969 23 23 20, Fax 969 23 25 34, €€€*

Woche der religiösen Musik

Ein Höhepunkt im kulturellen Leben Cuencas ist die alljährliche *Semana de la Música Religiosa.* Dieses anspruchsvolle Festival der geistlichen Musik bietet seit der Mitte der 60er-Jahre in der Karwoche Musik mit religiöser Thematik aus allen Gegenden des Globus. Das neue Auditorium und die schönsten Kirchen von Cuenca werden zum Konzertsaal. *Festival-Leitung: Apartado 97, 16002 Cuenca, Tel./Fax 969 17 88 57.*

Posada de San José
Das heimliche Herz der Stadt, in einem »hängenden Haus« aus dem 17. Jh., schlicht, aber stilvoll. *30 Zi., C/. Julián Romero, 4, Tel. 969 21 13 00, Fax 969 23 03 65, €*

AUSKUNFT

Oficina de Turismo
Pl. Mayor, 1, Anteplaza (Vorplatz), Tel. 969 23 21 19, tgl. 9.30–14 und 16–19 Uhr

ZIELE IN DER UMGEBUNG

Belmonte **(112/B1)**
Das 100 km südwestlich gelegene Belmonte (2600 Ew.) ist idealer Ausgangspunkt für eine Reise durch die Mancha. Die Nacht im Hotel *Palacio Buenavista (22 Zi., C/. José Antonio González, 2, Tel. 967 18 75 80, Fax 967 18 75 88, €)* belohnt für den Weg. Das *Castillo* ist eine gut erhaltene spätgotische Burg. *Auskunft: Oficina de Turismo, Pl. Caudillo, 1, Tel. 967 17 00 08, tgl. 10.30 bis 13 und 17–20 Uhr.*

Serranía de Cuenca **(109/D3–E5)**
Die Serranía de Cuenca ist ein bis zu 1839 m hohes, bewaldetes Kalksteingebirge, das Wind und Wetter bizarr geformt haben. Ein Besuch in der Serranía lohnt sich wegen ihrer Naturwunder. Dem Río Júcar folgend, gelangt man nach 30 km zur *Ciudad Encantada.* Ein Spazierpfad durch die »Verzauberte Stadt« führt zu phantastischen Gebilden aus Kalkgestein. 40 km weiter entspringt der Río Cuervo kristallklar den Felsen; einige hundert Meter tiefer fließt er über moosverhangene Felsen.

VALENCIA

Stadtplan in der hinteren Umschlagklappe
(111/D6, 115/D1) »Stadt am Turia« wird Valencia (763 300 Ew.), die drittgrößte Stadt Spaniens, von seinen Bewohnern mit gehörigem Respekt genannt. Im Schnitt sechsmal pro Jahrhundert überflutete der unscheinbare Fluss die Straßen, weshalb die Mauren die 718 von den Westgoten kampflos übernommene Stadt »Stadt des Schlamms« nannten. 1960 wurde der Río Turia umgeleitet und in seinem alten Bett ein weitläufiger Park angelegt. Hier entstanden Valencias wichtigste Kultur- und Museumsbauten; 1998 wurden die ersten Gebäude der futuristischen »Stadt der Künste und der Wissenschaften« eröffnet, die Stararchitekt Santiago Calatrava für seine Heimatstadt entworfen hat. Der unberechenbare Turiafluss hat Valencia mehr geprägt als das Meer. In seinem Delta drängte sich die 138 v. Chr. von den Römern gegründete Stadt hinter einem Mauerring zusammen, auf dem 1099 Rodrigo Díaz de Vivar im Kampf gegen die arabischen Belagerer fiel – *El Cid.*

Längst hat Valencia seinen Mauergürtel gesprengt. Heute befindet sich hier einer der wichtigsten Häfen am Mittelmeer. Doch eine Hafenstadt war Valencia nie, nicht einmal eine Küstenstadt; der Strand wurde erst im 19. Jh. als Ausflugsziel entdeckt. Das Meer war diesen mediterranen Hanseaten ohne Flotte nur Mittel zum Zweck, doch stets wurde mit offenen Armen empfangen, wer nicht als Seeräuber kam. Valencia ist ein Zentrum moderner Fertigungsindustrie, jedoch keine Industriestadt.

Die Valencianer verstehen ihren Wohlstand zu genießen und lassen es bei den *fallas* zu Ehren des hl. Joseph rauchen und krachen.

BESICHTIGUNGEN

Barrio del Mercat

Über die *Pl. de la Reina* südlich der Kathedrale, vorbei am achteckigen Barockturm der *Iglesia de Santa Catalina,* gelangt man in das Valencia der Frühaufsteher, Händler und Marktleute. Eine Kostprobe davon ist die *Plaza Redonda.* Mitte des 19. Jhs. wurden hier Straßenhändler und Handwerker angesiedelt; hier bekommt man alles für den Haushalt. So morgens ist Haustiermarkt. Das Viertel beherrscht der vom Jugendstil angehauchte *Mercado Central (Pl. Mercado, Mo–Sa).* Die mit Azulejos verzierte Halle, 1928 ihrer Bestimmung übergeben, ist einer der größten Märkte Europas.

Mit welchem Genuss, aber auch Ernst in Valencia stets gehandelt wurde, drückt das im spätgotischen Flamboyantstil 1483 begonnene Gebäude der Seidenbörse an der *Pl. Mercado* aus, ★ *La Lonja de la Seda,* die seit 1998 ebenso wie die Kathedrale als Weltkulturerbe unter dem Schutz der Unesco steht. Finanziert wurde der Bau von den Bürgern. Heute führen zwischen den acht frei stehenden, gewundenen Säulen im Börsensaal Models Mode vor, tauschen Sammler Briefmarken, wird hohen Gästen der Regierung feierlich die Hand geschüttelt. Unter seinen Sterngewölben in 17,4 m Höhe zieht sich die Inschrift entlang: »Ein berühmtes Haus bin ich, in fünfzehn Jahren erbaut. Mitbürger, seht, wie gut der Handel ist, der nicht mit Worten betrügt, der auf den anderen hält und ihn nicht fallen lässt, der sein Geld nicht zu Wucherzins leiht. Der Händler, der so lebt, wird mit Reichtum überhäuft und genießt zuletzt das ewige Leben.« Wer sich nicht daran hielt, landete in den Gefängnissen im Turm mit Aussichtsterrasse *(Pl. Mercado, s/n, Di bis Do 10–14 und 16–18, Fr 10–15 und 17–18 Uhr, Sa–Mo geschl.).*

Ciudad de las Ciencias y de las Artes

Santiago Calatravas Gebäude gehören zu jener Gattung, die förmlich nach einem Namen schreit. »Auge der Weisheit« passte denn auch wie angegossen auf das Imax-Kino *L'Hemisfèric (Ciudad de las Artes y de las Ciencias, Autovía El Saler, s/n, Tel. 963 35 53 30, Vorführungen tgl. außer Mo ab 10, Di–Do bis 21.30, Fr/Sa bis 23.30, So bis 22.30 Uhr),*

Der Seidenhandel wich dem Zeitenwandel: Inneres der Lonja de la Seda, Hort des valencianischen Bürgertums

das als erste und kleinste der vier Hauptattraktionen des populärwissenschaftlichen Ensembles in den Gärten des Río Turia fertig gestellt wurde. Außer dem futuristischen Kuppelkino werden auf dem 350 000 m^2 großen Areal sukzessive der Ausstellungskomplex *Palacio de las Artes* und das Wissenschaftsmuseum *Museo de la Ciencia* eröffnet; dazu wird noch an der zweiten Brücke Calatravas in Valencia gebaut. Der *Parque Oceanográfico Universal* des Architekten Félix Candela soll im Jahr 2001 eröffnet werden.

Ciutat Vella

Der 1865 begonnene Abriss der Stadtmauer verschonte nur zwei Tore: im Norden die 1392 errichteten Zwillingstürme der *Puerta de Serranos,* von denen aus der Blick über die Neustadt jenseits der Jardines del Turia schweift, im Westen der Altstadt *(Ciutat Vella)* die *Torres de Quart* aus dem 15. Jh. Seither hat die Ciutat Vella viel von ihrer Geschlossenheit verloren, besonders zwischen der Kathedrale und den Torres de Quart. Doch im Dreieck zwischen den Torres de Serranos, der *Pl. de la Reina* und der *Pl. Tetuán* lohnt der Bummel durch die Gassen. Lag hier auch das Zentrum des römischen und des maurischen Valencia, so stoßen wir doch vorwiegend auf gotische Architektur, etwa an der *Plaza de Manises* mit dem *Palacio de Jáudenes* und dem *Palacio de los Scala,* dessen spätgotisches Inneres wechselnde Ausstellungen zeigt *(Mo–Fr 8–15 und 16–19 Uhr).* An der *Pl. San Lorenzo* zeugt der *Palacio de Benicarló (Di–Sa 10–19, So 10–14 Uhr)* vom Übergang zur Renaissance.

Das östliche, einst jüdische *Barrio de la Xerea* war nach der Reconquista das Viertel der Kirchen, Klöster und Konvente. Die *Iglesia de San Juan del Hospital* aus dem 13. Jh. ist eine Gründung des Malteserordens *(C/. Trinquete-Caballeros, 5, 9.30–13 und 18–20 Uhr).* 1238 wurde als eine der ersten Pfarrkirchen die *Iglesia de San Esteban* an der Stelle einer Moschee errichtet und im 17. Jh. dem Zeitgeschmack angepasst. An der *Pl. Tetuán* liegt der ★ *Convento de Santo Domingo.* Das Sterngewölbe der *Capilla Real* ist eines der schönsten Werke der mediterranen Gotik. In den Klöstern wohnten Valencias Heilige: St. Vinzenz (Vicente) Ferrer und St. Ludwig (Luis) Bertrán *(Pl. Tetuán, 9, tgl. 10–13 Uhr).*

Estación del Norte mit Umgebung

Der *Nordbahnhof* (Estación del Norte) südlich der Altstadt wurde 1917 im Jugendstil fertig gestellt. Daneben erhebt sich die klassizistische Stierkampfarena, die *Plaza de Toros* von 1860, die mit ihren Rundbogengalerien das Kolosseum von Rom zitiert. Davor liegt das geschäftige *Barrio de Sant Francesc.* Der Name des Viertels rührt von einem Franziskanerkloster her, an dessen Stelle heute das *Rathaus* steht, ein Prachtbau aus dem frühen 20. Jh. mit zwei für Valencia typischen Keramikkuppeln. Der *Carillón* der Rathausuhr spielt zur vollen Stunde die Regionalhymne.

Die klassizistische *Universität* erhielt um 1839 ihre heutige Gestalt. Ihre Bibliothek besitzt das erste in Spanien gedruckte Buch *(C/. La Nave, 2, Mo–Fr 8–20 Uhr).*

Gegenüber liegt das *Real Colegio y Capilla del Corpus Christi,* auch

Colegio del Patriarca genannt *(C/. La Nave, s/n, Kirche Mo–Sa 8 bis 11.30, 13–14 und 19–20 Uhr, Museum tgl. 11–13.30 Uhr, Bibliothek Mo–Do 14.30–17.30 Uhr).* Vom Erzbischof und späteren Vizekönig von Neapel Juan de Ribera als Priesterseminar gegründet, umschließt das 1586 begonnene Gebäude einen *Renaissance-Innenhof* mit 26 Rundbogen auf weißen Marmorsäulen. Das Barockportal der *Iglesia del Patriarca* oder *Iglesia del Corpus Christi* wurde zum Vorbild zahlloser Kirchen der Region. Francisco Ribalta schuf das Altargemälde *La última Cena* (Das Letzte Abendmahl), das in der Frühmesse am Freitag feierlich herabgelassen wird und ein Kruzifix aus dem 15. Jh. zum Vorschein bringt. Die *Pinacoteca* zeigt Gemälde alter Meister. Flämische Wandteppiche zieren die *Capilla de la Concepción.* Ein barocker Traum in Alabaster und Stuck ist die Fassade des *Palacio del Marqués de Dos Aguas (C/. Poeta Querol, 2).*

El Grao und Strände

Valencias erste Zugverbindung mit der damals eigenständigen Hafenstadt El Grao entstand schon 1852. Bis heute gelangt man mit dem inzwischen postmodernen *Tranvía de la Malvarrosa* auf die Sonnenseite der Stadt. Bei *Les Termes* setzt einen die Straßenbahn ab, am Hausstrand von Valencia, der *Playa de la Malvarrosa.* Hier haben sich seit dem 19. Jh. Strandvillen und Fischerdörfer vermischt. Strandbaracken dienen als Sommerresidenz, *chiringuitos* servieren Getränke und *tapas.* Die Promenaden in Richtung Hafen sind Zentren des Nachtlebens. Vorbei am *Balneario de las Arenas,* einem mondänen Strandbad von 1838, gelangt man zur *Avda. Neptuno,* der gastronomischen Meile der *Explanada Marítima.* Der Weg endet in El Grao. Dahinter liegen der Fischmarkt von *Cabanyal* und zahlreiche *tapa*-Restaurants.

Micalet und Kathedrale

★ Der achteckige Turm der Kathedrale, von den Valencianos *Micalet* genannt, wurde ab 1381 im Stil der aragonesischen Gotik errichtet. Im 17. Jh. erhielt er in 68 m Höhe seinen barocken Abschluss. Von der Aussichtsplattform (51 m) herrlicher Blick über Valencias 135 bebaute Quadratkilometer und die *huerta.* Darunter ertönen zwölf Glocken; darüber hängt die dem Erzengel geweihte Michaelisglocke.

Die romanisch-frühgotische *Puerta del Palau* gehört zur ersten Bauphase des ab 1262 errichteten Gotteshauses, das 1999 vollständig renoviert und als Weltkulturerbe unter dem Schutz der Unesco wieder eröffnet wurde. Gotisch ist die *Puerta de los Apóstoles,* vor der seit dem Mittelalter Do um die Mittagsstunde das Wassergericht *El Tribunal del Agua* zusammenkommt: acht würdige Bauern aus der *huerta,* die Streitigkeiten um die Verteilung des Wassers schlichten.

Das barocke Hauptportal verbindet das gotische Hauptschiff mit dem ansonsten frei stehenden Micalet. Das Hauptschiff hat eine Länge von 96 m. In den 60er-Jahren wurden seine schlichten gotischen Züge wiederhergestellt. Außer Gemälden von Goya in der *Capilla de San Francisco de Borja* und Malern der valencianischen Schule im *Museo de la Catedral* sind die Renaissancegemälde aus der Schule Leonardo da Vincis am Hauptaltar interessant.

In der *Capilla del Santo Cáliz* wird in einem Altar mit Alabasterreliefs ein Kelch aufbewahrt, aus dem nach der Überlieferung Jesus und seine Jünger beim Letzten Abendmahl tranken und in dem das Blut des Gekreuzigten aufgefangen wurde. Der »Gral« soll im Zuge der Christenverfolgung nach Spanien gelangt sein. Über der Vierung wölbt sich der achteckige, mit dünnen Alabasterscheiben verglaste *Cimborrio,* ein lichtes Werk der Gotik. *Pl. de la Reina, s/n, tgl. 7.30–13 und 16.30–20 Uhr*

Plaza de la Virgen

Durch die Puerta de los Apóstoles der Kathedrale tritt man hinaus auf die Plaza de la Virgen. Auf den *terrazas* trinken Beamte der Regionalregierung aus dem nahen gotischen *Palau de la Generalitat* Kaffee neben Einkaufsbummlern und Touristen. Hier breitet sich ein Blumenmeer aus, wenn zu den *fallas* und an Fronleichnam die Schutzpatronin der Stadt, eine gotische Marienstatue, aus ihrem Heiligtum geholt wird, der barocken *Basílica de la Virgen de los Desamparados.* Die kleine Kirche, in der Maria als Beschützerin der Verlassenen verehrt wird, wurde 1667 samt ihrer Keramikkuppel vollendet.

MUSEEN

Centre Cultural La Beneficència

Funde aus der Region, darunter Höhlenmalereien aus der Cueva del Parpalló bei Gandía, zeigt das *Museo de la Prehistoria.* Unter demselben Dach: das *Museo de Etnología. C/. Corona, 36, Di–Sa 10 bis 14.30 und 16–19, So und feiertags 10 bis 20 Uhr*

IVAM

Das *Institut Valenciá d'Art Modern* gehört zu Spaniens Pionieren für Gegenwartskunst. Der postmoderne Bau des *Centre Julio González (C/. Guillem de Castro, 118, Di–So 11–20 Uhr)* zeigt die Sammlung, Sonderausstellungen das *Centre del Carme (C/. Museo, 2, 12–14.30 und 16.30–20 Uhr),* ein Konvent aus dem 13. Jh. Gleich nebenan eine Schatzkammer zeitgenössischer Kunst: das *Museo del Siglo XIX (Di–Sa 10–14.30 und 16–19.30, So 10–19.30 Uhr).*

Museo del Artista Fallero

In der *Ciudad Fallera* baut man die satirischen Riesen aus Holz und Papiermaché, die bei den *fallas* in Flammen aufgehen. Die besten *ninots* werden »begnadigt« und dem Museum übergeben. *C/. Ninot, 24, Ciudad Fallera, Benicalap. Auskunft* auch im ehemaligen *Museo Fallero (Pl. Monteolivete, 4).*

Museo de Bellas Artes San Pío V

Ein ehemaliges Kloster aus dem 17. Jh. jenseits der Jardines del Turia birgt das *Museo provincial de Bellas Artes.* Es zeigt Gemälde und Skulpturen von der Antike bis ins frühe 20. Jh. Besonders als Pinakothek gotischer Malerei wichtig. *C/. San Pío V, 9, Di–Sa 10–14 und 16–19, So und feiertags 10 bis 14 Uhr, Mo, 1. Jan., 25. und 31. Dez. geschl.*

Museo de Cerámica de Manises

Wechselnde Ausstellungen, ständige Sammlung und Geschichte der lokalen Töpferkunst. *C/. Sagrario, 22, Manises, Di–Sa 10–13 und 16–19, So 11–14 Uhr*

Museo Nacional de Cerámica González Martí
Im Palacio del Marqués de Dos Aguas sind 5000 Fund- und Ausstellungsstücke in Keramik und Porzellan von der Prähistorie bis Picasso zu sehen. *C/. Poeta Querol, 2, Di–Sa 10–14 und 16–20, So 10 bis 14 Uhr*

Museo Taurino
Alles, was irgendwie mit Stierkampf zu tun hat. *Pasaje Doctor Serra, s/n, Mo–Fr 10.30–13.30, an Fiestas bis 17 Uhr*

RESTAURANTS UND CAFÉS

Spaniens Spitzenrestaurants finden wir hier nicht, wohl aber hervorragende mediterrane Küche.

Albacar
Zählt zu den besten Restaurants der Stadt. *C/. Sorní, 35, Tel. 963 95 10 05, Sa nachmittags, So und Aug. geschl.,* €€

Ca'n Bermell
Tapa-Bar und Restaurant zählen zu den ältesten und solidesten Essstätten in der Altstadt. Pilzgerichte beachten! *C/. Santo Tomás, 14, Tel. 963 91 02 88, So und Aug. geschl.,* €€€–€€

Casa Roberto
Hier essen die Valencianos ihren *arroz* am liebsten. *C/. Maestro Gozalbo, 19, Tel. 963 73 18 94, So und feiertags abends sowie Aug. geschl.,* €€–€

Chust Godoy
Das Restaurant bietet Valencias avantgardistischste Speisekarte. Einladend ist auch das gelungene Ambiente eines Stadthauses um 1900, das vorbildlich restauriert wurde. *C/. Boix, 6, Tel. 963 91 38 15, So geschl.,* €€

Gure-Etxea
Angeblich sind Basken auf die Idee gekommen, die Tinte von *calamares* zu Soße zu verarbeiten. Sollte man probieren. Günstiges Menü. *C/. Almirante Cadarso, 6, Tel. 963 95 76 22, So, feiertags und Aug. geschl.,* €

Marisquería Chivera
Von *gambas a la plancha* bis *zarzuela de mariscos* (Meeresfrüchteplatte) das Beste, was das Meer hervorbringt. Für Spanien teuer, aber in dem Rahmen, den beste Fangqualität vorgibt. *C/. Lérida, 11, Tel. 963 47 59 17, So abends, Mo und Aug. geschl.,* €€€–€€

La Pepica
Klassiker für *arroz* am Strand von Valencia. *P° Neptuno, 6, Tel. 963 71 03 66, So und feiertags abends geschl.,* €€

Plaza Santa Catalina
Den Durst heißer Nachmittage löscht am besten *horchata,* eine valencianische Erdmandelmilchspezialität. Die älteste *horchatería* der Stadt ist *Horchatería Santa Catalina* an der gleichnamigen *plaza.* Auch die *Horchatería El Siglo* an der Ecke zur Pl. de la Reina hat das Cafésterben überlebt.

EINKAUFEN

Eilige Einkäufer gehen ins *Nuevo Centro (C/. Pío XII, 4)* oder in die Niederlassung der einzigen spanischen Kaufhauskette, *El Corte Inglés (C/. Pintor Sorolla, 26).* Kunsthandwerk gut vorsortiert bei *Artespaña (C/. de la Paz, 7).* In der *C/. de la Paz* finden sich exklusive Antiquitätengeschäfte. Delikatessen erster Güte, von *turrón* über Wein und Likör bis Käse, findet man in dem kleinen Geschäft *Repostería Monástica de Clausura El Monasterio (Pasaje Giner, s/n, Pl. Reina).*

Gitarren und Flamenco-Accessoires

Bekannt für guten Klang ist *José Tatay (C/. Zapadores, 31).* Auf Flamenco-Accessoires spezialisiert ist *El Arbolé (C/. Comedias, 19).*

Kunsthandwerk

Das *Centro de Artesanía de la Comunidad Valenciana* zeigt und verkauft Kunsthandwerk der Region *(C/. Hospital, 7, Aug. geschl.).* Von Mitte Mai bis So nach Pfingsten findet um die Kathedrale der Töpfermarkt *La Escuraeta* statt. Außer dem sonntäglichen *rastro* auf der *Pl. Redonda* ist *Lladro (C/. Poeta Querol, 9)* eine gute Adresse für Keramik, *Neri (C/. Poeta Querol, 1)* speziell für Azulejos. Zahlreiche Keramikwerkstätten in *Manises,* 7 km stadtauswärts.

Lebensmittel

Erste Adresse ist ab dem frühen Morgen der *Mercado Central.* Feinkost bietet *Castillo (Gran Vía Marqués del Turia, 1).*

Mode

Die Adressen der spanischen Modeschöpfer: *Loewe (Avda. Poeta Querol, 7* und *C/. Marqués de Dos Aguas, 7), Antonio Miro* bei *Azzati (C/. Periodista Azzati, 4)* und *Aleph (C/. Hernán Cortés, 27), Cortefiel (C/. San Antón, 3* und *C/. Marqués de Sotelo, 12), Paul Smith* bei *Alfredo Estévez (Gran Vía Marqués del Turia, 18), Roberto Verino (C/. Sorní, 20).* Günstige Mode für Ihn bei *Massimo Dutti (C/. Don Juan de Austria, 4),* für Sie bei *Zara (C/. Colón, 11).*

Pastelerías

Valencianische Zuckerbäckerei bieten *Villanueva (C/. Don Juan de Austria, 28)* und *Rosa de Jericó (C/. Hernán Cortés, 12).*

Wein und Öl

Eine gute Bodega ist *Rincón de Baco (Gran Vía Marqués del Turia, 3).* Eines der traditionsreichsten Geschäfte sind die *Bodegas Segui,* gut sortiert in Wein und Cava und bekannt für ihr Olivenöl *(C/. Cura Femenía, 2* und *C/. Pianista Amparo Iturbi, 16).*

ÜBERNACHTUNG

Valencias Hotels fehlt durchgehend das »gewisse Etwas«. Ausnahme: das *Ad Hoc.* Wochenends sowie Juli und August Preisnachlässe; bei den *fallas* werden hingegen satte Zuschläge verlangt.

Ad Hoc

Eines von vielen Häusern, in denen man gern wohnen möchte, und eines der wenigen, in denen man das auch kann, ist dieses bürgerliche Wohnhaus am Rand der Altstadt, das mit viel Geschmack zu einem komfortablen Stadthotel hergerichtet worden ist. *28 Zi., C/. Boix, 4, Tel. 963 91 91 40, Fax 963 91 36 67, €€€–€€*

Albergue de la Paz

Auf halbem Weg zum Hafen liegt Valencias einzige Jugendherberge; außerhalb der Saison dient sie als Studentenwohnheim. *150 Betten, Avda. Puerto, 69, Tel. 963 61 74 59, Fax 963 60 70 02, nur Juli–Sept.*

Continental
Eine sichere, zentrale Adresse in Valencias durchschnittlicher Hotellerie. *40 Zi., C/. Correos, 8, Tel./Fax 963 51 09 26, €*

Inglés
In einem ehemaligen Stadtpalais in der Altstadt, 1997 durchgreifend modernisiert. *60 Zi., C/. Marqués de Dos Aguas, 6, Tel. 963 51 64 26, Fax 963 94 02 51, €€€*

Meliá Valencia Palace
Valencias neues Fünfsternehaus, am Río Turia beim Palau de la Música gelegen. Schöne Ausblicke von den Zimmern. *199 Zi., Prolongación P.° Alameda, 32, Tel. 963 37 50 37, Fax 963 37 55 32, €€€*

Sorolla
Zentral gelegenes Haus, Klimaanlage und Heizung auf den Zimmern. *50 Zi., C/. Convento Santa Clara y Ribera, 5, Tel. 963 52 33 92, Fax 963 52 14 65, €€*

SPANISCHKURSE

Spanisch zu lernen ist ein willkommener Vorwand für einen Urlaub am Mittelmeer. Kurse und Unterkunft vermittelt das *Gabinete de Extranjeros* der Universität *(C/. Senda Senent, 11, Tel. 963 98 33 91, Fax 963 98 31 62, Aug. geschl.)*. Gefragt ist die *Escuela Oficial de Idiomas (C/. Llano de Zaidia, 19, Tel. 963 40 50 22)*. Eine Liste von Schulen hat die *Oficina de Turismo*.

SPORT UND AUSFLÜGE

Tauchen und Ausflüge zu Fuß, zu Pferde und mit dem Fahrrad ins Hinterland bietet das *Centre Excursionista (Pl. Tavernes de Valldigna, 4, Tel. 963 91 16 43)*.

Fliegen
Drachen- und Gleitschirmfliegen lehrt die *Escuela de Delta y Parapente Valencia (C/. Convento de Jesús, 1, Tel. 963 80 49 77 und 639 67 41 61, mobil)*.

Golf
Den ★ Golfplatz von *El Saler*, dem Badeort südlich von Valencia, stufen Golfkritiker als einen der besten in Europa ein.

Segeln
Real Club Náutico de Valencia (Camino Canal, 91, Tel. 963 67 90 11). Eine Reihe von Segelschulen findet man in Gandía.

AM ABEND

Barrio del Carmen
Jüngere Bohemiens treffen sich im Café *El Negrito (Pl. Negrito)*, im Café *Infanta (Pl. Tossal, 3)* oder auf der Terrasse vor dem Café *San Jaime*, In-Treff in einer ehemaligen Apotheke. Im Café *La Bolsería* hält man sich an seiner *copa* fest und denkt wegen der lauten Musik weniger ans Reden denn ans Tanzen. Wer das gern zu Salsaklängen tut, landet im *Johnny Maracas (C/. Caballeros, 29)*.

Cervecería Madrid
Treff für den Aperitif, Tür an Tür mit dem Palacio del Marqués de Dos Aguas. *C/. Poeta Querol*

Evening
Mitten in dem brodelnden Viertel rund um die *Pl. Cánovas del Castillo* bietet dieser Pub südamerikanische Livemusik *(C/. Joaquín Costa, 8)*.

Hafen und Strände

Valencias Route der Nachtschwärmer ist die *Ruta del Bacalao.* Auf der Suche nach dröhnendem Techno-Sound zieht die Jugend von El Perelló *(Puzzle, Ctra. Nazaret–Oliva, km 22)* über Pinedo *(The Face, Camino Montañares, 145; Spook Factory, Ctra. Nazaret–Oliva)* zur Playa de la Malvarrosa *(ACTV, C/. Eugenia Viñes, 152).* Doch nicht in jeder Disko dröhnt *bacalao.* Buntes Ambiente und diverse Musikrichtungen bietet *El Caballito de Mar (Playa de la Malvarrosa, neben Balneario de Las Arenas).* Pubs und Piano-Bars säumen die *C/. Eugenia Viñes (La Champañería, Nr. 118)* ebenso wie Ballhäuser *(Casablanca, Nr. 152).* Wer sich bei *tapas* eine Grundlage schaffen will, zwängt sich in die Bar *Casa Jomi (C/. Castell de Pop, 13)* und probiert *salazones,* eine gepökelte Fischspezialität.

Kino

Die *Filmoteca de la Generalitat (Pl. Ayuntamiento, 17)* fördert Klassiker ebenso wie junge Talente. Die Programmzeitschrift »Valencia día y noche« gibt's am Kiosk.

Livemusik

Das *Black Note (C/. Polo y Peirolón, 13)* ist Valencias Jazz-Oase. Konkurrenz macht die *Bar Social* des *Centre Excursionista (C/. Hospital, 7).* Rock-Sessions bietet Mi das *Bésame Mucho (C/. Explorador Andrés, 6).*

AUSKUNFT

Oficinas de Turismo

C/. de la Paz, 48, Tel. 963 98 64 22, Fax 963 98 64 21, Mo–Fr 10–18, Sa 10–14 Uhr; Estación del Norte, Tel. 963 52 85 73, Mo–Fr 9–18.30 Uhr; Pl. Ayuntamiento, 1, Tel. 963 51 04 17, Fax 963 52 58 12, Mo–Fr 8.30–14.15 und 16.15–18.15, Sa 9.15–12.45 Uhr; Auskunft zu Eisenbahnausflügen mit den Ferrocarriles de la Generalitat Valenciana: Oficina de Información in der Metrostation Xàtiva, Tel. 963 58 11 11

ZIELE IN DER UMGEBUNG

La Albufera (115/D1)

Südlich von Valencia gelangt man über ausgedehnte Reisanbaugebiete an den größten Binnensee Spaniens: La Albufera. Heute 2000 ha groß, bedeckte der fisch- und vogelreiche See im Mittelalter rund 30 000 ha. Damals war *El Palmar* noch eine Insel, auf der Fischer in ärmlichen *barracas* wohnten; inzwischen sind die schilfgedeckten Häuser teure *chalés* für Wochenendler. Ausflüge hierher, zu Fuß oder mit der *barquita,* dem Holzboot der Albufera, bietet das *Centro de Información del Racó de l'Olla (Ctra. El Palmar, s/n, Tel 961 62 73 45, Mai–Sept. tgl. 9–14 und 16–18.30, sonst 9–14 und 15–17.30 Uhr).* Der See und die kilometerlangen Meeresstrände bis weit über Cullera hinaus haben gute Restaurants magisch angezogen. Eins von ihnen ist das Reis- und Fischrestaurant *Casa Salvador (L'Estany de Cullera, s/n, Tel. 961 72 01 36, tgl., €€).* Für ihre *arroces* ebenso berühmt wie für die günstigen Preise ist die *Casa Carmina (C/. Embarcadero, 4, El Saler, Tel. 961 83 02 54, So abends, Mo und Aug. geschl., €).* Anspruchsvolle steigen ab im *Parador Luis Vives de El Saler (58 Zi., Avda. Pinares, 53, El Saler, Tel. 961 61 11 86, Fax 961 62 70 16, €€€)* oder im *Sidi Saler (276 Zi., Playa de El Saler, Tel. 961 61 04 11, Fax 961 61 08 38,*

€€€). Und das nicht nur wegen der hervorragenden Küche der beiden Luxushotels sowie der kilometerlangen, feinsandigen Playa de El Saler: Beide Hotels bieten Green Fee für den Golfclub *Campo de Golf El Saler,* einen Golfplatz, wie man ihn in Europa lange suchen muss.

Im Sommer bringt es *Cullera* (21 000 Ew.; **115/E2**) leicht auf 100 000 Ew. Das Ferienzentrum markiert den Übergang vom Golf von Valencia zur Costa Blanca. Was aus der Ferne wie Manhattan hinter Orangenhainen aussieht, entpuppt sich als freundliche Küstenstadt mit einer lebhaften Markthalle und verwinkelten Gassen, umzingelt von Strandhotels. *Auskunft: Oficina de Turismo, C/. Río, 38, Tel. 961 72 09 74.*

15 km Sandstrände laufen auf den Kalkfelsen über der Altstadt zu, ein charakteristisches Bild für den weiteren Verlauf der Küste. Auf dem Monte de las Zorras ragt die *Burg* aus dem 13. Jh. Das dortige *Santuario de la Virgen del Castillo* birgt die Patronin der Stadt. Auf dem äußersten Felsenzipfel steht *La Farola.* Von diesem Leuchtturm führt ein Pfad zur Bucht *Cala del Cabo Blanco,* von der aus der Pirat Dragut 1550 Cullera überfiel. Lohnend ist ein Besuch im Reismuseum *(Museo del Arroz, Montañeta del Sanz, Di–So 10.30–13 und 18.30 bis 20.30 Uhr).*

Chulilla **(110/B6)**

Natur und Geschichte sind in Chulilla (740 Ew., 530 m) förmlich verschmolzen. Die Mauern des *Castillo Árabe* erscheinen von der *Cruz de la Muela* aus gesehen wie eine Gesteinsformation des Berges am Eingang einer tiefen Schlucht des Río Turia. Vier Zisternen aus römischer und ara-

Auf Weg und Steg eines Lehrpfades kann man die Albufera erkunden

bischer Zeit dienten als Wasserspeicher. Die Inquisition nutzte die Burg als Gefängnis. Am Rand der Schlucht hängen die Häuser des Ortes. Anfang Mai feiert Chulilla seine *Fiesta de la Virgen de la Rosa* mit Menschentürmen und Erzählungen aus dem zurückliegenden Jahr.

Im Hotel des *Balneario de Chulilla (Afueras, s/n, Tel. 961 65 70 13, €)* kann man Haut, Gelenken und Atemwegen Gutes tun. Der Oberlauf des Río Turia bietet Schluchten und Wasserfälle wie die *Garganta del Turia* sowie die *römischen Aquädukte* von *Chelva* (**110/B5**) und *Calles.*

Huerta von Valencia (110/C6)

»Valencia ist das Land der Blumen, des Lichtes und der Liebe«, besingt ein populärer Paso doble die *huerta,* den Garten von Valencia. Knapp 17 km vom Stadtrand entfernt stimmt der Text wieder. In *Llíria* (15 042 Ew.) bietet sich vom Kloster *El Real Monasterio de San Miguel* (14. Jh.) ein herrlicher Blick. Vor den Toren der Stadt liegt die *Ermita de San Vicente* mit ihrer Quelle, die dem hl. Vinzenz Ferrer geweiht ist, der 1350 in Valencia geboren wurde. Für eine Paella im Restaurant *Levante (C/. Virgen del Fundamento, 15, nur Mittagessen, Tel. 962 78 07 21, Di geschl., €)* lohnt der Weg nach *Benissano* (1680 Ew.) mit seiner mittelalterlichen *Burg.* Über *Chiva* (8340 Ew.) mit seinen beiden Burgen gelangt man auf der N III nach *Buñol* (9320 Ew.; **114/C1**), wo das bergige Hinterland beginnt. In den malerischen Gassen tobt am letzten Mi im Aug. *La Tomatita,* eine Tomatenschlacht, von der nicht genau überliefert ist, ob sie in einem Streit oder in einem »saftigen« Protest gegen Franco im Jahr 1944 ihren Ursprung hat.

Macizo del Caroche (114/B–C2–3)

Im Naturschutzgebiet des Macizo del Caroche (1124 m) südlich des Río Júcar fehlt es nie an Wasser. Schluchten und Höhlen sind zu entdecken, prähistorische Felsmalereien, wilde Bergziegen, Geier und Adler. Wanderungen, Touren mit dem Mountainbike, *barranquismo* (ein Sport, bei dem man sich durch Wasserfälle abseilt) und Höhlenführungen bietet *AL3, Turismo Activo* (Herberge mit 12 Betten und Restaurant, eine *casa rural* und ein Camp; *C/. Juan Bautista Humet, 6, 1°, 46823 Navarrés, Tel./Fax 962 26 75 93, €).*

Erst 1612 ergaben sich in *Millares* (730 Ew., 344 m) die letzten Morisken. Um das Naturschutzgebiet führt die *Ruta de Castillos y Cuevas* weiter in die einstige Moriskenstadt *Jalance* (1190 Ew., 445 m). In *Ayora* (5600 Ew., 596 m) schmiegen sich das frühere Judenviertel und die *Iglesia de la Asunción* an den Burghügel.

Requena (114/B1)

An der Schnellstraße nach Madrid liegt noch vor Requena das älteste Restaurant der Comunitat Valenciana, *La Venta de l'Home.* Im 18. Jh. eine wichtige Station für Pferd und Mensch, besteht das empfehlenswerte Lokal schon über 300 Jahre *(beim Bahnhof Ventamina, zwischen Siete Aguas und Buñol, von Madrid Ausfahrt 294, von Valencia Ausfahrt 299, Tel. 962 50 35 15, tgl., €€–€).*

Requena (18 700 Ew.) ist das Herz der valencianischen Weinbauregion. Die arabische *Burg* beherrscht in knapp 700 m Höhe den Pass über die Sierra de las Cabrillas. Im 15. Jh. im Mudéjarstil erneuert, beherbergt sie das *Museo Municipal* und das Weinmuseum *Museo del Vino,* das auch die ehemalige Seidenindustrie dokumentiert. Der Held der Reconquista wohnte in der *Casa del Cid.* Die *Iglesia del Salvador* und die *Iglesia de Santa María* zieren gotische Portale. *Auskunft: Oficina de Turismo, C/. García Montés, Tel. 962 30 38 51, Fax 962 30 35 53.*

Im Restaurant *Mesón del Vino (Avda. Arrabal, 11, Tel. 962 30 00 01, tgl., €€–€)* werden zum Wein der Region Lammbraten und Rotes vom Rind serviert. Idyllische Unterkunft in komfortablen Holzhäusern 800 m außerhalb der Stadt bietet die *Finca de la Purísima* *(Büro C/. Poeta Herrero, 20, 7°, Tel. 962 30 00 64, Fax 962 30 00 57, €, Minimum ein Wochenende).*

Sagunt **(111/D5)**

170 m über der Stadt (57 800 Ew.) erstrecken sich auf 800 m Länge die Mauern der einstigen Bergfestung, Zeugen einer glorreich-tragischen Vergangenheit. Doch bevor man zu der mächtigen Feste gelangt, erreicht man durch geweißelte, liebevoll mit Blumen und Grün geschmückte Gassen in der *C/. Castillo* das *Portalet de la Sang,* die Pforte zum ehemaligen Judenviertel. *Sang* heißt Blut, und das floss hier im 14. Jh. bei Pogromen. Heute liegt hier ein vortreffliches Restaurant: *L'Armeler (C/. Castillo, 44, Tel. 962 66 43 82, So abends und Mo geschl., €€).*

Sagunt war unter dem Namen *Arse* Hauptstadt der Iberer an der Costa del Azahar. Als Hannibal 219 v. Chr. die mit Rom verbündete Stadt eroberte, war dies der Auftakt zum Zweiten Punischen Krieg und der Beginn einer Legende: Alle Einwohner sollen sich samt ihren Reichtümern verbrannt oder in die Schwerter der Feinde gestürzt haben. Ein großer Teil der heute sichtbaren Mauern stammt aus dem Mittelalter sowie aus dem 18. und dem 19. Jh.; insgesamt zeigt die Umwallung die Ausdehnung der Stadt zu Zeiten der Iberer an. Die Festung hat sieben Trakte, deren höchstgelegener, *La Ciudadela,* die eigentliche Burg ist. Im Westen wurden Reste der Zyklopenmauern von *Saguntum* freigelegt, das schon die Römer *Muri veteres* nannten, »alte Mauern«. Das *römische Theater* in den Ausläufern der Bergfestung wurde 1896 zum Nationaldenkmal erklärt. 100 Jahre später erfuhr das über 6000 Zuschauer fassende Halbrund eine umstrittene Restaurierung *(Mo–Sa 10 bis 20 Uhr, Juli–Aug. Kulturfestival »Sagunt a Escena«).*

Nach den Phöniziern weitgehend vernachlässigt, kam der Hafen 6 km östlich der Stadt, *El Grao de Sagunt,* erst um 1920 durch die Stahlindustrie wieder zu Bedeutung, wovon die stillgelegten *Hochöfen* zeugen. Heute schaukeln Yachten und Fischerboote hinter der Mole, von der ein Großteil der Orangenernte verschifft wird. An zwei der etwas kiesigen Sandstrände weht die blaue Fahne: der *Playa del Puerto* und der *Playa de Almardá.* Ein zweckmäßiges Hotel in der Altstadt ist das *Azahar (25 Zi., Avda. País Valencià, 8, Tel. 962 66 33 68, Fax 962 65 01 75, €). Auskunft: Oficina de Turismo, Pl. Cronista Chabret, s/n, Tel. 962 66 22 13.*

Das warme Herz der Costa Blanca

Europa im Kleinformat an der »Weißen Küste«

Sieht man den Peñón de Ifach (Penyal d'Ifac), das Wahrzeichen der Costa Blanca, weiß über dem Meer aufragen, ist es Zeit, Vorurteile über Bord zu werfen, das Klischee vom Massentourismus in schäbigen Betonburgen ebenso wie das von verträumten Fischerdörfern. Seit die Küste nicht mehr von Piraten heimgesucht wird, ist rund um den Peñón ein kleines vereintes Europa entstanden, das sich Jahr für Jahr mehr herausputzt. Phönizier, Römer, Goten, Mauren und Touristen: Wer auch immer diese Küste eroberte, blieb gern hier. In so manchem Restaurant werden Wirt und Wirtin Sie mit englischem, deutschem, niederländischem oder gar russischem Akzent empfangen. Von Altea, das malerisch, aber nicht verschlafen unter den blauweißen Keramikkuppeln seiner Kirche Nuestra Señora del Consuelo aufs Meer blickt, bis hinauf nach Dénia säumen *chalés* die weißen Küstengebirge. Wenn Benidorm längst von der Mehrzahl der Touristen verlassen wurde, hört man auf dem Wochenmarkt von Benissa immer noch Sprachen aus aller Herren Ländern. Frisch gepflückte Apfelsinen werden von kurzärmligen Käufern beschnuppert, darüber schwebt der Stern von Bethlehem hinter Palmen am Kirchturm und verbreitet bei milden Temperaturen Weihnachtsstimmung. Von der Marina Baixa um Benidorm halten bis zu 1558 m hohe Sierras die Nordwinde fern; bei einer Durchschnittstemperatur von 19 Grad Celsius ist an Winter nicht zu denken. Bald füllen die ersten Kirschen und herzhafte Mispeln die Stände. Längst herrscht Frühling auch in den Städten und Dörfern der Sierras, idyllischen Winkeln, die trotz der Ausflügler- und Touristenscharen ihren Zauber bewahrt haben.

An der Playa del Portet in Moraira

ALCOY (ALCOI)

(115/D4) Am 21. April beginnt auf der Brücke *Pont Sant Jordi* mit einem spektakulären Feuerwerk die *Fiesta de Moros y Cristianos,* die bis zum 24. April dauert und die Belagerung durch die Mauren im Jahr 1276 nachstellt. Ansonsten ist die Industriestadt Alcoy (65 200 Ew., 650 m) eine der schönsten dieser Gattung.

BESICHTIGUNG UND MUSEEN

Freunden der Industriearchitektur wird der *Viaducto de Canalejas* gefallen, eine Stahlbrücke von 1907 über den Río Molinar, einen von drei Flüssen um die Stadt. Die *C/. San Nicolás,* die *C/. San Lorenzo* und die *Avda. País Valencià* durchziehen ein Jugendstilviertel. In der Altstadt von Alcoy ist im Renaissancegebäude des ehemaligen Rathauses das *Museo Arqueológico (C/. San Miguel, 20, Mo–Fr 9–14 Uhr, Aug. geschl.)* untergebracht, das Keramik von iberischer Zeit bis ins 18. Jh. zeigt. Das *Museo de la Fiesta* dokumentiert die Geschichte des Christen-und-Mauren-Festes *(C/. San Miguel, 62, Mo–Fr 11–13.30 und 17.30 bis 20 Uhr, Sa/So nur vormittags, Aug. nachmittags sowie Sa/So geschl.).*

EINKAUFEN

Steinschlossgewehre und Donnerbüchsen, Hauptrequisiten der *fiesta,* werden bis heute gebaut und verkauft, etwa bei *Armas Tomás (C/. Alfafara, 27).*

HOTELS

Mas de Pau
Kleines, ungemein freundlich geführtes Landhotel. Nur die Zimmer für die verdiente Ruhe etwa nach einem Ritt durch die Sierra de Aitana sind etwas eng. *Ctra. Alcoy–Penáguila, km 9, Tel. 965 51 31 11, €€*

Reconquista
Renoviertes Hotel im Zentrum mit gutem Blick auf Altstadt und Berge. *70 Zi., Avda. Pont Sant Jordi, 1, Tel. 965 33 09 00, Fax 965 33 09 55, €€*

ZIEL IN DER UMGEBUNG

Agrés **(115/D4)**
Dass man in den Sierras durchaus weiß, was Schnee und Kälte sind, kann man bei Agrés (650 Ew.) in Augenschein nehmen. Über dem bildschönen Ort liegt das *Santuario de la Virgen del Castillo* mit einer schwarzen Madonnenstatue, bei der sich im September Tausende von Pilgern einfinden. Von hier führt ein Weg zu zwei über 1200 m hoch gelegenen *Schneebrunnen* in der waldigen Sierra de Mariola. Die *Cava Gran* hat einen Durchmesser von 15 m und ist 12 m tief. Darüber spannen sich noch Reste des Gewölbes. Hier wurde früher im Winter Schnee zu Kühlzwecken für den Sommer gesammelt. Sehenswert ist auch die alte Grafenstadt *Cocentaina* (10 700 Ew.) mit Bauten aus Gotik und Renaissance sowie einem hervorragenden Restaurant: *L'Escaleta (Avda. País Valencià, 119, Tel. 965 59 21 00, So abends, Mo, Ostern und 2. Hälfte Aug. geschl., €€).*

Von Agrés fährt man 10 km westwärts nach *Bocairent* (4700 Ew.; **115/D4**). Dort ist in dem alten, renovierten Bahnhof ein Landhotel eingerichtet worden, *L'Estació,* das Reit- und Wanderausflüge anbietet; auch ein Restaurant ist vorhanden *(Parque de la Estación, Tel. 962 90 52 11, €).*

BENIDORM

(115/E5) Benidorm in Zahlen – das sind zwei Strände, 48 000 Ew., zu denen sich im Sommer über 300 000 Besucher gesellen, fast 300 000 Betten bzw. Plätze in Hotels, Apartments,

MARO POLO TIPPS FÜR DÉNIA/BENIDORM

1 Restaurant Girasol
Nahe Moraira liegt das Spitzenrestaurant der Costa Blanca (Seite 59)

2 Playa de Levante
Der überlaufenste, begehrteste, verrufenste und auf seine Art schönste Strand der »Weißen Küste« (Seite 51)

3 Peñón de Ifach
Was der Eiffelturm für Paris, ist der Kalkfelsen für die Costa (Seite 53)

4 Guadalest
Täglich belagern Ausflugsbusse die schönste maurische Bergfestung Spaniens (Seite 54)

auf Campingplätzen, 145 Hotels, davon 80, die man mit Recht den Wolkenkratzern zurechnen kann (das künftige *Bali III* wird mit 175 m Höhe und 52 Stockwerken das höchste Ferienhotel des Kontinents), 600 Bars und Diskos, 400 Restaurants, 60 Banken, ungezählte Geschäfte. Das einstmalige Küstendorf ist heute eine gigantische Freizeitfirma, die landesweit beim Umsatz auf Platz 17 steht. Ein Horror?

Drei Dinge findet man in Benidorm nicht: Bauruinen, Ruhe und gelangweilte Touristen. Ansonsten findet man hier alles, entgegen vielen Vorurteilen auch Spanier: Sie stellen mehr als die Hälfte der Feriengäste; erst dann kommen Briten mit 30 Prozent. 3 Millionen Menschen rollen hier übers Jahr ihre Handtücher aus, unter ihnen viele Wiederholungstäter.

Ein Babylon, wo in den 50er-Jahren ein 2700-Seelen-Dorf beschaulich über dem Meer träumte. Doch was auf alten Postkarten als Idyll erscheint, war Schauplatz eines harten Lebens zwischen trockenen Feldern und verödeten Fischgründen. Die Stadt hat sich zu einer Freizeit-Hochburg gemausert. Doch Wasser-, Vergnügungs- und Hotelparks stehen an zweiter Stelle. Benidorms Hauptattraktion sind die ★ *Playa de Levante* und die *Playa de Poniente,* feinsandig, tipptopp gepflegt, bewacht und ausgestattet. Und nach wie vor bestechend schön.

RUNDGANG

Seinen alten Ortskern hat Benidorm nicht getilgt. Vor ihm ragt der *Balcón de Europa* ins Meer. Von der sechseckigen Aussichtsterrasse schweift der Blick über die fast 5 km lange Flucht der Strände und Hotels. Davor sprudelt eine Fontäne – das Mittelmeer als Springbrunnen. Daneben erstreckt sich ein kleiner Strand, die *Playa del Mal Pas.* Vom Hafen legen die Fähren zum *Islote de Benidorm* ab, der als Vogelrevier geschützt werden soll. Um die *Pl. del Castell* vergisst man, wo man ist. Unter den blau glasierten Keramikkuppeln der *Iglesia de la Virgen del Sufragio* hängen Kaffeeterrassen über den Klippen. Die *Virgen del Carmen* wird am Sonntag nach dem 16. Juli in einer

Schiffsprozession durch die Bucht gefahren. Durch weiße Gässchen gelangt man über die *Pl. de la Creu* ins neue Benidorm.

RESTAURANTS

Gehobene Küche wie im *Tiffanys (Avda. Mediterráneo, 51, Tel. 965 85 44 68, tgl., €€)* hat Benidorm genauso erobert wie Würstchenbuden und *Fish & Chips*. Letzterem entgeht man etwa in den nachfolgend genannten Lokalen.

Casa Toni

In lockerer Atmosphäre greift man zu frisch zubereitetem Fisch, *jamón ibérico* und *tapas. C/. Cuenca, 27, Tel. 966 80 12 32, So abends geschl.,* €

La Palmera-Casa Paco Nadal

Das Lokal am Ende der Playa de Levante bietet erstklassige Fänge aus dem Meer auf Reis, und das zu erfreulichen Preisen. *Avda. Severo Ochoa, s/n, Tel. 965 85 32 82, außer Juli/Aug. Mo abends geschl.,* €

HOTELS

Kaum ein Hotel liegt weiter als 300 m vom Strand entfernt; Meeresblick bieten sie alle. Außerhalb der Saison sinken die Preise merklich. Ein traditionsreiches Hotel direkt an der Playa de Levante ist das *Cimbel (140 Zi., Avda. Europa, 1, Tel. 965 85 21 00, Fax 965 86 06 61, €€€).*

SPORT UND FREIZEITAKTIVITÄTEN

Ausflüge

Tgl. außer So/Mo fährt *9.45 Uhr* die Schmalspurbahn *Limón Express* nach *Gata de Gorgos,* Ortsbesichtigung und Besuch der Gitarrenfabrik inbegriffen *(Karten in der C/. Estación, 2, Tel. 966 80 31 03).* Zu Fahrten in die *Bahía de Calpe* und zum *Islote de Benidorm* legen ständig Boote vom Hafen ab. Tauchausflüge beim *Centro Buceo Marina de Reig (Tel. 965 78 24 15).*

Terra Mítica

Mit diesem Themenpark (»Mythisches Land«) verfügt Benidorm seit dem Jahr 2000 über den größten Vergnügungspark Spaniens. Er führt auf 105 ha Fläche und mit allerlei Spektakeln feucht und feurig durch Mythen und Geschichte des Mittelmeerraums. *Vía Parque, März bis Okt. tgl. 10–24, sonst 10–20 Uhr, Erwachsene 4600, Kinder 3300 Ptas, Dreitageticket Erwachsene 8800, Kinder 6700 Ptas, Reservierung (spanisch und englisch) Tel. 902 02 02 20, E-Mail servicios@terra-mitica.net*

Frühobst der besonderen Art: Mispeln

Zum Frühlingsanfang werden an der Costa Blanca die aromatischen, herzhaft mundenden Mispeln reif. Die tiefgelbe Frucht, die auf großblättrigen Bäumen wächst, wird im Hinterland von Dénia und Benidorm angebaut. Mispeln sind unter ihrer zähen Schale nicht nur äußerst vitaminhaltig, sie sind auch tückisch: Wem der saftige Genuss aufs Hemd tropft, der bringt einen hartnäckigen Fleck als bleibende Erinnerung mit nach Hause.

Wasserpark
Wem das Meer langweilig wird, der gelangt über die enormen Wasserrutschen von *Aqualandia* in salzfreie Gewässer; nebenan *Mundomar* mit Delphinen und Seehunden, Tiershows *(Sierra Helada, tgl. 10–18, Sommer bis 19 Uhr).*

AM ABEND

Altstadt
Hier macht man Jagd auf *tapas.* In der *C/. Santo Domingo* kann man dies als Spanienrundreise anlegen. Höchst nordspanisch etwa ist in der *Taberna Etxea Tixiki (C/. Cuatro Esquinas, 9)* ein Happen *pimiento relleno* (gefüllte Paprika) zu baskischer *sidra* (Apfelwein) oder einem Gläschen Rioja.

Diskotheken
Disko-Schwerpunkt ist die ehemalige *Ctra. N-332,* wo sich auf den Terrassen von Mammutdiskos schöne und junge Leute drängen. Ab Herbst sind nur die Diskos am Strand geöffnet.

Strände
Genauso berühmt wie Benidorms 2900 Sonnenstunden im Jahr sind die Nächte an der *Playa de Levante.* Hier reihen sich Cafés, Ballsäle für reiferes Publikum, Flamencoschuppen, Eisdielen und Pubs für jüngere und die jüngsten Nachtschwärmer. Eine schöne Terrasse über der *playa* mit Soulmusik ist das *Moai (beim Ayuntamiento).* Am Ende der *Playa de Poniente* liegt der Pub ✱ *La Cala (Avda. Marina Baixa, beim Hotel La Cala),* mit Traumterrasse über dem Meer. Im Hotel *Benidorm Palace (Ctra. Diputación, s/n, Tel. 965 85 16 60)* jagt eine Galashow die andere.

AUSKUNFT

Oficinas de Turismo
Avda. Martínez Alejos, 16, Tel. 965 85 13 11, 10–14 und 17 bis 21 Uhr; Avda. Europa, s/n, Tel. 965 86 00 95, auch So geöffnet

ZIELE IN DER UMGEBUNG

Altea **(115/F5)**
Der Reiz dieser Küstenstadt (14 000 Ew.) liegt in ihrem malerischen Altstadtkern unter der Pfarrkirche *Nuestra Señora del Consuelo,* den ein reges Treiben erfüllt. Der Blick von den Aussichtsterrassen über die Bucht ist bestenfalls bei einer Wanderung in die angrenzende *Sierra de Bernia* zu übertreffen, in der die Ruinen einer unter Philipp II. errichteten Festung, des *Fort de Bernia,* von Moriskenaufständen und Piratenüberfällen zeugen.

Vortreffliche Reisgerichte zu günstigem Preis serviert in einer Seitenstraße hinter der Uferpromenade das *Racó de Toni (C/. La Mar, 127, Tel. 965 84 17 63, Mo geschl., €€–€).* Ein Highlight der Hotellandschaft der Küste ist das *Melià Altea Hills Resort (Urb. Altea Hills, N-332, km 163,5, Tel. 966 88 10 06, Fax 966 88 10 24, E-Mail melia@gva.es, €€€). Auskunft: Oficina de Turismo, C/. Sant Pere, 9, Tel. 965 84 41 14.*

Calpe (Calp) **(115/F4)**
Beschilderte Pfade führen zu den Resten der Stadtmauer, dem *Torreón de la Peça* und der im 18. Jh. im Mudéjarstil erweiterten *Iglesia de la Mare de Déu de les Neus.* Die einstige Fischerstadt (11 250 Ew.) widmet ihre 3 km Sandstrand ganz dem Tourismus. Höher als alle Hotels ragt der ★ *Peñón de Ifach* über die Küste, ein Natur-

Landmarke am Strand: Peñón de Ifach

schutzgebiet, zu dem das *Centro del Visitante* über dem Hafen den Zutritt kontrolliert. Hinter der Steilwand des 332 m hohen Kalkfelsens liegen Sandstrände und die Überreste einer Iberersiedlung. Für den Rundweg braucht man mindestens 2 Std. Bei gutem Wetter reicht der Blick bis nach Ibiza. *Auskunft: Oficina de Turismo, Avda. Ejércitos Españoles, 40, Tel. 965 83 12 50.*

Guadalest (mit Rundfahrt) (115/E4)
Von Calpe über Jalón gelangt man zur Ctra. 3318, auf der man nach Süden den Pass *Coll de Rates* (780 m) erreicht. Der Blick reicht bis zum Meer, eine Schautafel hilft bei der Orientierung. Weitere Panoramen bietet die Fahrt nach *Tárbena* (700 Ew.). Auf der Fahrt nach *Callosa d'En Sarrià* (7700 Ew.) durchqueren Sie das Hauptgebiet des spanischen Mispelanbaues. Zuvor aber machen Sie Halt in *Bolulla* (280 Ew.). Ebenso wie Tárbena wurde der malerische Ort nach der Vertreibung der Morisken im Lauf des 17. Jhs. wieder bevölkert. Heute leben hier auch über 40 Briten, Niederländer und Deutsche. 2 km vor Callosa biegt man rechts zu den *Fuentes del Algar* ab. Der Wasserfall ist ein gut erschlossenes Ausflugziel, an dessen Fuß man baden kann.

Über die Ctra. 3313 gelangt man nach ★ *Guadalest* (160 Ew.) Täglich belagern Ausflugsbusse die schönste Festung im Gebiet der Costa Blanca. Doch für sie ist Guadalest uneinnehmbar: Nur zu Fuß gelangt man durch einen Tunnel in den Ort, den die Mauren im 11. Jh. hinter einem schroffen Felskamm anlegten. Nach Erdbeben 1644 und 1748 fast vollständig wieder aufgebaut, hat das winzige Bergnest seinen Reiz bewahrt. Von der *Pl. San Gregorio* gelangt man über eine Treppe zur *Burg,* die neben arabischen Bauteilen auch Befestigungsanlagen aus dem 16. Jh. aufweist. *Auskunft: Oficina de Turismo, Pl. San Gregorio, Tel. 965 88 52 89, tgl.*

Auf der Rückfahrt nach Benidorm folgt man kurz nach *Benimantel* dem Reklameschild zum Restaurant und Hotel *Trestellador (10 Zi., Tel. 965 88 52 21, 12. Okt.–12. Nov. geschl., €),* in dem man eine köstliche Gemüsepfanne mit dem Namen *Jardín* serviert bekommt und in unbeschreiblicher Ruhe die Nacht verbringen kann. Die Weiterfahrt geht über die Ctra. 3313, mit hinreißenden Blicken über *Chirles,* nach *Polop* (1900 Ew.). Aus 221 bronzenen Löwenköpfen von 1700 sprudeln hier die *Chorros de Polop.* Von der Burgruine schweift der Blick über den hübschen Ort, über Orangenplantagen, Mispelhaine,

Weingärten, aus denen saftig-süße *pasas* (Rosinen) stammen.

Villajoyosa (La Vila Joiosa) (115/E5)
Die Außenwände der Fischerhäuser von Villajoyosa (23 400 Ew.) wurden nicht für die Touristen so lebhaft in Ocker, Blau und Gelb gestrichen, sondern damit die Fischer vom Meer aus den Hafen sichten konnten. Ein Spaziergang führt zu Resten der Stadtmauer und zur gotischen Pfarrkirche *Mare de Déu de la Assumpció*. Bei der *Playa de Torres* steht die *Torre de Hércules,* ein Turm aus römischer Zeit.

Die Altstadt flankieren Hotels an 3,5 km langem, feinsandigem Strand. Hier landen jedes Jahr bei der *Fiesta de Moros y Cristianos* türkische Korsaren – wie damals, am 29. Juli 1538.

Ein Traum von einem Küstenhotel ist das *El Montíboli:* Luxus in aller Stille *(53 Zi., Partida El Montíboli, s/n, Tel. 965 89 02 50, Fax 965 89 38 57, €€€). Auskunft: Oficina de Turismo, Costera de la Mar, 1, Tel. 966 85 13 71.*

20 km von Villajoyosa entfernt, in Richtung Sella, liegt der *Safaripark Sierra de Aitana.* In dem 1,5 km² großen Freigehege besucht man mit dem Jeep Zebras, Elefanten und Löwen *(tgl. 11 bis 20 Uhr, Einlass bis 18 Uhr, Erwachsene 1300, Kinder bis 10 Jahre 600 Ptas, Kinder bis 4 Jahre frei).*

DÉNIA

(115/F3) Das Höchste an Dénia (27 200 Ew.) ist immer noch die Burg, die 58 m über dem lebendigen Hafen aufragt. Hotels gibt es in der Hauptstadt der Marina Alta viele, Hotelburgen jedoch nicht. Nach 20 km Sandstrand im Nordwesten markiert Dénia den Übergang zu der felsigen, von

Einst von Christenkriegern, heute von Ausflüglern belagert: Guadalest

Buchten und Stränden durchsetzten Küste bis Benidorm. In dem Kartenquizspiel »Trivial Pursuit« wird Dénia als Stadt der *fiestas* geführt: Im Schnitt wird hier alle acht Tage gefeiert.

Eine iberische Siedlung liegt in 700 m Höhe auf dem *Mongó.* Dénia wurde von den Griechen um das 8. Jh. v. Chr. besiedelt. Die Römer nannten die Stadt *Diania.* Nach ihrer Ausweisung 1609 segelten über 150 000 Morisken – zwangsweise christianisierte Muslime – vom Hafen Dénias in eine ungewisse Zukunft.

BESICHTIGUNGEN UND MUSEEN

Von der ⁂ *Burg (tgl. 10–13.30 und 17–0.30 Uhr)* überblickt man den Golf von Valencia. Hier oben befindet sich im *Palacio del Gobernador* aus dem 17. Jh. das *Museo Arqueológico (wechselnde Öffnungszeiten, die Oficina de Turismo gibt Auskunft).* Von Norden nach Osten zieht sich mit mehreren Wehrtürmen der Mauergürtel der maurischen Stadt bis zur heutigen Altstadt hinab. In deren weißen Gassen liegt die *Iglesia de Santa María* aus dem 18. Jh., innen reich mit Azulejos verziert.

Den lebhaften Hafen teilen sich bis zu 500 Sport- und Segelboote mit Fischerbooten und den Fährschiffen, die den Liniendienst nach Ibiza versehen. Bei den Patronatsfesten Anfang Juli wird die Hafenmauer zum Prüfstein für mutige Männer: *Bous a la Mar* ist die einzige Stierhatz in Spanien, bei der *toros* und *corredores* im Wasser landen.

RESTAURANTS

Die *gamba roja* aus Dénia ist bei Genießern ebenso berühmt wie der heimische Speisefisch *llandeta.*

El Poblet

Frisches aus dem Meer und auf Reis, dazu stets frische Saisongerichte. *Ctra. Las Marinas, km 3, Urb. El Poblet, 43, Tel. 965 78 41 79, außer Sommer Mi geschl.,* €€

El Raset

Fisch und Reisgerichte, Meeresfrüchte; selbst Spanferkel fehlt

Wo tollkühne Kerle und junge Stierlein baden gehen: »Bous a la Mar« in Dénia

nicht auf der Karte. Das Lokal liegt in der Altstadt über dem Hafen. *C/. Bellavista, 7, Tel. 965 78 50 40, außer Juli–Sept. Di geschl., €€–€*

EINKAUFEN

Wochenmärkte sind Fundgruben nicht nur für Obst und die köstlichen Rosinen der Region, sondern auch für Kunsthandwerk und praktische Gerätschaften, etwa Paellapfannen samt Gasuntersatz. *Markttage:* in *Dénia Mo und Fr,* in *Jávea Do,* in *Moraira Fr,* in *Teulada Mi.*

ÜBERNACHTUNG

Camping

Zwei schattige Plätze direkt an feinen Sandstränden sind zu empfehlen: *Los Llanos (355 Plätze, Playa Deveses, 32, N 332, km 203, Tel. 965 75 51 88, April–Sept., €€€),* 11 km westlich von Dénia, und *Los Patos,* an einem beliebten Windsurferstrand *(Ctra. Las Marismas, km 12, Tel. 965 75 52 93, ganzjährig, €€);* das Sommerkino *Cine de Verano* macht ihn zum Jugendtreff.

La Racona

Das vielleicht schönste Hotel nahe dem Strand und dem felsigen Taucherparadies der Playa de las Rotas. *12 Zi., 25 Ap., Ctra. Les Rotes, 76, Tel. 965 78 79 60, Fax 965 78 78 61, €€–€*

Romano

Auf alten Grundmauern am Fuß der Burg ist dieses architektonisch schöne, höchst komfortable kleine Hotel entstanden. *6 Zi., Avda. del Cid, 3, Tel. 966 42 17 89, Fax 966 42 29 58, €€€*

Hotel Rosa

Bescheidener Komfort, doch gepflegt und liebevoll geführt. 20 m zum Strand, mit Garten, Schwimmbecken und Tennisplätzen. *31 Zi., 5 Suiten, C/. Congre, 3, Las Marinas, Tel. 965 78 15 73, Fax 966 42 47 74, €, Suiten €€*

SPANISCHKURSE

Escuela Europea (C/. Magallanes, 9, Tel. 965 78 43 67). Eine Liste mit weiteren Sprachschulen hält die *Oficina de Turismo* bereit.

SPORT UND AUSFLÜGE

Bergsteigen/Wandern

Zwischen Alicante und Dénia fährt die Schmalspurbahn *El Trenet Senderista* (etwa »Wanderbummelzug«). Treffpunkte sind bei der *Oficina de Turismo* zu erfragen und stehen in den »Costa Blanca Nachrichten«.

Für Wanderungen im Naturpark *Sierra de Mongó* hält das *Centro de Información del Mongó (Torre Quemada, Tel. 966 42 32 05)* Karten und Verhaltensmaßregeln bereit. Einen Tag sollte man einplanen, um den Blick über die Küste zu genießen, eine iberische Siedlung und die *Cuevas del Agua* mit römischer Inschrift zu besuchen und die magische Ausstrahlung des Gebirges zu spüren, von der Einheimische berichten.

Golf

Ein 9-Loch-Platz ist der *Campo de Golf Oliva Nova (Ctra. Las Marinas, km 2, Tel. 965 78 06 50, Fax 965 78 07 66).* Über 18 Löcher verfügt der *Club de Golf La Sella (Urb. La Sella, Jesús Pobre, Tel. 966 45 42 52, Fax 966 45 42 01).*

Reiten
Reitausflüge in die Sierras – neben Tennis und Squash – bietet das *Center La Sella (Urb. La Sella, Jesús Pobre, Tel. 965 76 14 55)*.

Strände / Tauchen
Die Klippen der *Playa de las Rotas* sind ein beliebtes Tauchrevier. Tauchen lehrt *Náutico Dénia (C/. Suertes del Mar, s/n, Tel. 965 78 09 89)*. Wer einfach nur baden will, dem stehen ab der blau beflaggten *Playa de las Marinas* im Norden endlose Strände zur Verfügung.

AM ABEND

Das Café *Pasaje (Pasaje Femina/ C/. Cop)* war in den 60er-Jahren das vornehmste Café von Dénia. Hinter seinen Glasscheiben beginnt man den Tag mit einem Kaffee oder die Nacht mit einem Gläschen. Ein Kabinett vergangener Zeiten ist auch die *Bar Miguel Juan* in der *C/. Loreto*. Hier kann man im Interieur der 60er-Jahre Rasierschaum ebenso kaufen wie ein Bierchen oder *vino* vom Fass trinken; am Abend finden sich junge Leute ein. In den Straßen hinab zum Hafen und an den dortigen *explanadas* tummelt sich das Publikum in *cervecerías* und Cafés. Pubs und Diskotheken häufen sich im Bereich von *Las Marinas*. An der Landstraße nach Jávea lockt die Disko *Bomarzo*.

AUSKUNFT

Oficina de Turismo
Pl. Oculista Buigues, 9, Tel./Fax 966 42 23 67, Mo–Fr 9–20, Sa 9 bis 14 und 16–20, So 10–13 und 16 bis 20 Uhr

ZIELE IN DER UMGEBUNG

Cueva de las Calaveras (115/F4)
Die »Höhle der Totenköpfe«, eine Tropfsteinhöhle, ist an der Straße von Dénia/Jávea nach Benidoleig (westlich der Autobahn) zu besichtigen *(tgl. 9–20 Uhr)*.

Gandía (115/E3)
Kilometerlange Sandstrände haben Gandía und Oliva zu einem Ferienzentrum gemacht. In Gandía (57 200 Ew.) sollte man sich den *Palau Ducal de los Borja (C/. Santo Duque, s/n, Mo–Sa 10–12 und 18–19, So nur 10–12 Uhr)* der »Papstfamilie« Borja (Borgia) aus dem 15. Jh. ansehen.

Zwei Segelschulen sind empfehlenswert: *Escuela de Vela Mediterránea (C/. Doctor Fleming, s/n, Playa de Piles, Tel. 962 83 17 48)* und *Club Náutico de Gandía (P.° Neptuno, 3, El Grao de Gandía, Tel. 962 84 10 50)*. *Auskunft: Oficina de Turismo, C/. Marqués del Campo, s/n, Tel. 962 87 77 88.*

Játiva (Xàtiva) (115/D3)
An der Grenze zur Provinz Alicante liegt die »Stadt der Päpste«, in der die Kirchenoberhäupter Kalixt III. und Alexander VI. geboren wurden. Über der an Monumenten reichen Stadt (26 000 Ew.) liegen zwei Burgen. Vom *Castillo Mayor* reicht der Blick über Orangenhaine, die Stadt und das bergige Umland. Kurios rächte sich Játiva dafür, dass König Philipp V. im Spanischen Erbfolgekrieg die Stadt anzünden ließ: Im *Museo Municipal (C/. Corretgería, 46, Di–Do)* hängt das *Porträt des Königs* kopfunter.

Auf halbem Weg über der malerischen Stadt und dem Castillo Mayor liegt die *Hostería Mont*

Sant, ein stilvolles Landhaus aus dem 18. Jh. Das Restaurant bietet gute Reisküche *(8 Zi., Ctra. Castillo, s/n, Tel. 962 27 50 81, Fax 962 28 19 05, Hotel €€€–€€, Restaurant €€). Auskunft: Oficina de Turismo, C/. Alameda Jaume I, 50, Tel. 962 27 33 46.*

Jávea (Xàbia) **(115/F4)**
In der Küstenstadt (17 300 Ew.) sind das *Castillo de San Juán* und die gotische *Iglesia de Bartolomé* interessant, 1513 zum Schutz vor Piraten mit einem Wehrturm errichtet. Das lokale Kunstgewerbe füllt die Gassen zum Ostermarkt. Das *Cap de Sant Antoni* kann man von der Straße nach Dénia anfahren, doch sein Reiz liegt in den Klippen, durch die ein abenteuerlicher *Fußweg* zu versteckten Buchten und Grotten führt (Zugang hinter dem Hafen am Fuß der Klippen).

Während sich am Strand die Hotels nur so drängen, ist das neue Luxushotel *Villa Mediterránea* der richtige Ort für stille Genießer. Es liegt am Fuß des Wohlbehagen ausstrahlenden Berges Mongó – hoch über Jávea, der weißen Küste und dem Meer – in einem jugendstiligen Landsitz aus der Zeit um 1900 *(7 Zi., C/. León, 5, Ctra. Jávea–Jesús Pobre, Tel. 965 79 52 33, Fax 965 79 54 81, €€€).* Mit mediterraner Küche hat sich *Oligarum* einen Namen gemacht *(C/. Las Barcas, 9, Tel. 966 46 17 14, Mi sowie Do nachmittags geschl., €€).* Der Campingplatz *Mediterráneo (624 Plätze, ganzjährig, Av. Mediterráneo, 80, Tel. 965 79 12 26, €€)* liegt nah am Surferstrand *Playa de la Arena.* Das *Centro de Buceo Cabo La Nao (Tel. 965 79 46 53)* organisiert Tauchausflüge. Tauchen und Tennis bietet *Amigos del Mar (Playa de la Arena, Tel. 966 46 02 50). Auskunft: Oficinas de Turismo* an der *Playa del Arenal (Tel. 966 46 06 05)* und an der *Pl. Almirante Bastarreche, 24* am Hafen *(Tel. 965 79 07 36).*

Hinter dem markanten *Cabo (Cap) de la Nao* ziehen sich sandige Strände bis zu dem kleinen Seebad *Moraira* hin, das zu *Teulada* (5900 Ew.) gehört. Besonders schön ist im Nordwesten die *Playa de Portet.* Moraira ist eine lebhafte kleine Hafenstadt unter einer Burg und dem Wachturm *Torre del Descubridor* aus dem 18. Jh. Außer einer Reihe kleiner Hotels und Pensionen in der Stadt gibt es nahe der *Playa del Castillo* den *Albergue Juvenil La Marina (130 Betten, Camino del Campamento, 31, Tel. 966 49 20 30).* Das *Don Pedro* ist ein komfortables Apartmenthotel *(15 Zi., C/. Mar del Norte, 20, Urb. Costera del Mar, Tel. 966 49 03 51, Fax 966 49 03 50, €€).* An der Straße von Moraira nach Calpe liegt das Spitzenrestaurant der Costa Blanca: ★ *Girasol (km 1,5, Tel. 965 74 43 73, außer Juli/Aug. Mo geschl., €€€–€€).*

Pego **(115/E3–4)**
Im Schutz der Sierras hat sich 10 km landeinwärts das Sumpfgebiet *El Marjal* gebildet. Hier liegt Pego (9400 Ew.). Wie die kleine Stadt seit den Zeiten der Mauren vom Reisanbau lebt, zeigt das *Museo Etnológico (C/. Sant Domènech, 5, Mo–Sa 10–13, im Winter auch 17–20 Uhr, So nur vormittags).* Ende Juni kommt bei der *Fiesta de Moros y Cristianos* aus Anlass des Patroziniums die Riesenpaellera zum Einsatz. *Auskunft: Ayuntamiento, Tel. 965 57 00 11.*

Besuch bei einer alten Dame

Rund um die Stadt des Lichtes blühte die Kultur der Iberer

Gegen echte Hitze hilft nur weniges, eine kühle Brise vom Meer her etwa oder Schatten, nichts als Schatten. Alicante hat sich für das Meer entschieden, während Elche und Orihuela nichts weiter übrig blieb, als sich in den Schatten zu setzen – den der größten Palmenhaine Europas. Hier ist das Hinterland so heiß und trocken, dass Landwirtschaft im heutigen Ausmaß ohne Wasser aus Nordspanien undenkbar wäre. Nichtsdestoweniger war *L'Horta Alacantí* schon Jahrhunderte früher bewohnt als die Sümpfe von Valencia.

Funde aus der Gegend bezeugen die hohe Entwicklungsstufe der Kultur der Iberer, so die berühmte Steinplastik *Dama de Elche,* die in Madrid aufbewahrt wird, und der Goldschatz von Villena. Diese Kultur blühte neben der von Phöniziern und Griechen vor allem deshalb auf, weil die Iberer sich mit ihren Nachbarn zu arrangieren verstanden – sofern diese dazu gewillt waren.

Eine Palme von wahrhaft kaiserlicher Erscheinung: die siebenstämmige »Palmera Imperial« in Elches Huerto del Cura

Das ist bis heute alicantinische Lebensart. Nicht dass an dieser Küste rund um die »Stadt des Lichtes« immer eitel Sonnenschein geherrscht hätte. Orihuela stritt mit Alicante lange um das Privileg, Hauptstadt der Provinz zu sein. Orihuela hatte das Nachsehen, doch tröstet seine Bewohner die Gewissheit, in der schönsten Stadt Spaniens zu wohnen.

ALICANTE (ALACANT)

☛ **Stadtplan in der hinteren Umschlagklappe**

(117/F1) In Alicante (280 000 Ew.) bleibt nichts, wie es ist. Die Römer würden ihre »Stadt des Lichtes« nicht einmal wieder finden. Sie hatten *Lucentum* um 200 v. Chr. als Hafen für *Illici* (Elche) 4 km nordöstlich gegründet. Die Araber rückten die Stadt in den Schatten des Monte Benacantil – sofern man bei Alicante überhaupt von Schatten sprechen kann. Aber auch die Araber würden ihr *Al-Luqant* heute ebenso wenig wieder erkennen wie der Dichter Carlos Arniches, der hier 1866 geboren wurde und versicherte, man müsse Alicante gesehen haben, dann erst beginne man zu leben. Denn seit Alicante 1490 den Rang einer *ciudad* er-

MARCO POLO TIPPS FÜR ALICANTE/ELCHE

1 Explanada de España
Auf 6,6 Mio. Mosaiksteinen spielt sich das Leben von Alicante ab (Seite 63)

2 Museo de Alfarería in Agost
An traditioneller Keramik Interessierte sollten hier vorbeischauen (Seite 67)

3 Burgenrundfahrt
Elda, Petrel und Sax: drei Burgen, die man gesehen haben muss (Seite 70)

4 Elche
Die *Palmera Imperial* und das *Misteri d'Elx* sind zwei der Attraktionen dieser Stadt (Seite 70)

hielt, hat die Stadt bis in die 70er-Jahre des 20. Jhs. die Spuren ihrer Geschichte, soweit sie nicht bei Überfällen von der See her zerstört wurden, selbst getilgt. Aus der maurischen Festung unter der Burg wurde eine moderne Hafenstadt. Im *Barrio de Santa Cruz* gewinnt bei aller Romantik erst neuerdings die Altstadtsanierung die Überhand über Spekulation und Verfall. Wie lange das noch dauern wird, lässt der Name des Sanierungsprogramms »Alicante 2020« ahnen, das Alicante von den Stränden bis ins Zentrum in eine der schönsten Küstenstädte des Kontinents verwandeln soll. In Planung ist auch der Bau des Vergnügungsparks *Ciudad de la Luz.* An seiner Seeseite fand Alicante längst zu sich selbst. Auf der *Explanada de España* leisten die Alicantiner ihren liebsten Mitbürgern Gesellschaft: der Sonne und dem Meer.

BESICHTIGUNGEN

Casco Antiguo

Alicante hat einen Punkt, auf den ganz Spanien schaut. Er liegt 3,407 m über dem Meeresspiegel und ist verbindlich für alle Höhenmessungen im Land. Auf diesen *Messpunkt* stößt man auf der rosa Marmortreppe des *Ayuntamiento,* des Rathauses. Das spätbarocke Gebäude wurde ab 1696 errichtet und ist Symbol des »neuen« Alicante. Das alte hatten am 22. Juli 1691 französische Schlachtschiffe in Schutt und Asche gelegt. Im Zentrum der Rathausfassade, von zwei rechteckigen, 35 m hohen Türmen flankiert, glänzt eine dunkelblaue Keramikkuppel. Beachtung verdient der *Salón Azul* mit seiner Spiegelgalerie *(Pl. Ayuntamiento, 1, Mo–Sa nach Anmeldung unter Tel. 965 14 91 00).*

Das Bombardement von 1691 hat nur die *Concatedral de San Nicolás de Bari* unversehrt überstanden. Das frühbarocke Gotteshaus von 1600 zeigt klare architektonische Formen. Das Kirchenschiff säumen 13 Kapellen. Die blau gestrichene Kuppel krönt eine Laterne mit Keramikdach. Sehenswert sind die restaurierten Altargemälde *(Pl. Abad Penalva, 1, 9–12.30 und 18–20 Uhr).* Die im 18. Jh. barockisierte *Iglesia de Santa María* wurde im Rahmen der Altstadtsanierung innen renoviert.

Sanfter Wellenschlag, zum Mosaik gebändigt: Alicantes Explanada de España

Ansonsten ist die Altstadt reich an verträumten Gassen, frisch geweißelten wie auch bröckelnden Fassaden und Bilderbuchwinkeln wie dem *Barrio de Santa Cruz*. Inzwischen ist die Sanierung in Gang gekommen.

Castillo de Santa Bárbara

Ein 800 m langer Rest der Stadtmauer verbindet das älteste Viertel der Stadt, das *Barrio de Santa Cruz*, mit dem *Castillo de Santa Bárbara*. An den Hängen des kahlen Berges wird derzeit der *Parque Ladera del Benacantil* angelegt, wobei auch die Stadtmauer als Zugang zur Burg erschlossen werden soll. Bis dahin ist der Lift vom *P.° Gómiz (Tel. 965 16 21 28, tgl. 9–18, im Sommer 10–20 Uhr)* der bequemste Weg zu der 209 m hoch gelegenen Burg. Sie überragt die Stadt auf einem Felsen, den der Volksmund *Cara del Moro* nennt: »Maurengesicht«. Doch wurde der Berg bereits von den Karthagern befestigt. Ihr heutiges Aussehen bekam die Burg im 16. Jh., aus dem die *Garita de la Campana* stammt; dieses Wehrtürmchen auf der äußersten Ecke der Bastion ist das Wahrzeichen Alicantes. Stets bieten sich neue Panoramablicke: über die Stadt, den Hafen und das gegenüberliegende *Castillo de San Fernando* aus dem 19. Jh. Bis Ende 2005 sind auf der Burg rund 700 zeitgenössische Skulpturen aus der berühmten Capa-Sammlung ausgestellt.

Explanada de España

★ 6,6 Mio. Mosaiksteine aus rotem, weißem und schwarzem Marmor sind der Stolz und der Treffpunkt der Stadt. Verlegt wurde das 600 m lange Wellenmosaik der *Explanada de España* 1957 entlang dem Hafen. Hier schlürft man im Schatten hoher Dattelpalmen *horchata*, flaniert und verweilt, hört zu und erzählt, spielt *petanca* (Boccia), lauscht am Sonntag den Kapellen, die im *Templete de la música* konzertieren. Hier spielt man als Kind zwischen Palmen, saust als Jugendlicher auf Rollschuhen vorbei oder schaut, gesetzter geworden, dem ganzen Treiben müßig zu.

Mit der Explanada de España und den sich anschließenden Promenaden hat Alicante seinen Hafen ins Herz geschlossen. Während draußen an den Molen große Frachter liegen, schaukeln vor dem *P.° Conde de Vallellano* Yachten und Sportboote im *Real Club de Regatas.* Nur wenige Fischkutter liegen noch an der südlichen Mole. Zur *Pl. Puerta del Mar* hin legen Barkassen zu Kreuzfahrten durch die Bucht von Alicante ab. Auf der Explanada kommen nicht nur Alt und Jung zusammen; sie verbindet auch den alten Teil der Stadt mit dem neueren, führt vorbei an den bürgerlichen Vierteln der Jahrhundertwende zum modernen Alicante, das wir von der *Pl. Canalejas* über die *Pl. Calvo Sotelo* erreichen. Die *Rambla Méndez Núñez* führt durch das Hauptgeschäftsviertel zum Jugendstilbau des *Mercado Central de Abastos,* der Markthalle.

MUSEEN

Museo Arquéologico

Das Museum zeigt archäologische Funde aus der gesamten Provinz. *C/. General Mola, 6, Mo–Fr 10–14 Uhr*

Museo de la Asegurada

Hier ist die Stiftung des Malers Eugenio Sempere untergebracht, eine Sammlung spanischer und internationaler Kunst des 20. Jhs. *Pl. Santa María, 3, Okt.–April 10 bis 13 und 17–20, Mai–Sept. 10.30 bis 13.30 und 18–21 Uhr, So abends und Mo geschl.*

Museo de las Hogueras

Das Museum in einem Gebäude der Burg zeigt *ninots,* wie man sie in der Johannisnacht (Nacht zum 24. Juni) verbrennt. *Castillo de Santa Bárbara, 10–13 und 17 bis 18.30, im Sommer bis 19.30 Uhr, So abends und Mo geschl.*

RESTAURANTS UND CAFÉS

El Bocaíto

Schon beim *tapa*-Snack an der Bar wird der Hunger zum Fest. Gleiches gilt für den Speisesaal, den *comedor. C/. Isabel la Católica, 22, Tel. 965 92 26 30, So abends geschl.,* €€–€

Dársena

Ein Klassiker der Reisküche mit hinreißendem Hafenblick. 50 Reisgerichte für Anfänger und Fortgeschrittene. *Marina Deportiva, Muelle de Levante, 6, Tel. 965 20 75 89 und 965 20 73 99, So und Mo abends geschl.,* €€

Gran Café

Elegantes Café hinter der *Explanada,* wo man nach dem Einkauf oder vor dem Nachtleben ausruht. *C/. San Fernando, Ecke C/. Lanuza*

Haiku

Art-déco-Café mit wechselnden Ausstellungen, wo man in gesprächiger Freundesrunde beisammensitzt. *C/. Juan de Herrera, 40*

Luis

In den 80er-Jahren Vorreiter der neuen Bodega- und Barkultur, inzwischen ein kleines, aber feines Restaurant voller Überraschungen. *C/. Pedro Sebastiá, 7, Tel. 965 21 14 46, So und Mo mittags sowie 15.–30. Mai und Sept. geschl.,*

€€–€. Wegen ihres Käsesortiments ist auch die *Bar Luis (C/. Mayor, 27)* einen Besuch wert.

Mesón de Labradores
In der Altstadt eine der besten *tapa*-Adressen *C/. Labradores, 19*

Pachá
Paellas in rustikalem Ambiente; auch die *tapas* sind nicht schlecht. *C/. Haroldo Parrés, 6, Tel. 965 21 19 38, Mi und 25. Juni bis 20. Juli geschl.,* €€–€

Playa de San Juan
Designer-*tapas,* die abends schöne und junge Leute anziehen; anziehen tun inzwischen auch die Preise, was aber auch an den ausgesuchten Zutaten liegt: *La Tapería (Avda. Niza, 9, Tel. 965 16 00 14)* und *Los Charros (Avda. Bruselas, 15, Tel. 965 16 00 82).*

Viña Fondillón
In diesem Weingeschäft kann man den Inhalt der ausgesuchten Flasche gleich an den *tapa*-Tischen probieren. *C/. General Lacy, 17, So geschl.*

EINKAUFEN

Im *Mercado Central de Abastos* macht's die Mischung aus frischem Angebot und ausgesuchten Delikatessen. Bei *Salazones Quintana (C/. Poeta Quintana, 40)* hält man *jamon ibérico* und andere *embutidos* bereit. Im Feinkostgeschäft *La Granadina* werden außer Weinen aus der Rioja über 60 verschiedene spanische Käsesorten angeboten *(C/. Gerona, 7).* Für Keramik und Porzellan lohnt sich der Weg ins 20 km entfernte *Agost;* in Alicante selbst wird man fündig bei *V. Pascual (C/. Alfonso el Sabio, 15)* und *Caribérica (C/. Pradilla, 6).* Modegeschäfte gibt es in dem Viereck zwischen der *Rambla Méndez Núñez,* der *Avda. Maisonnave* und dem Meer: günstige Mode für Frauen bei *Zara (Avda. Maisonnave, 42–46),* für Männer bei *Massimo Dutti (C/. Teatro, 46).* Shopping mit Meerblick im Einkaufszentrum *Panoramis:* Boutiquen, Cafés, Restaurants *(Puerto Poniente, tgl. 10–24 Uhr).*

ÜBERNACHTUNG

Albergue Juvenil
Jugendherberge, komfortabel und praktisch, zu Fuß 25 Min. vom Zentrum. *180 Betten, Avda. Orihuela, 59, Tel. 965 11 30 44*

Camping Bahía
Etwas eingezwängt hinter der Küstenstraße, aber dennoch optimal, um Sonne und Strand – sowie schattige Zeltplätze – mit dem Besuch von Alicante zu verbinden. *693 Personen, 15. März bis 15. Okt., Ctra. Alicante–El Campello, km 4, Tel. 965 26 23 32,* €€

Les Monges
Minipension in einem rund hundertjährigen Altstadthaus. Mangels ähnlich preisgünstiger und empfehlenswerter Adressen in Alicante ist Reservieren unerlässlich. *6 Zi., C/. Las Monjas, 2, 1°, Tel. 965 21 50 46,* €

Pueblo Acantilado
12 km vor den Toren von Alicante, bei El Campello. Der Hotel- und Apartmentkomplex über dem Meer bildet ein Dorf nach, wie es einst für die Gegend typisch war. *71 Doppelzi., 48 Ap., Ctra. N-332, km 127, Tel./Fax 965 63 81 46,* €€–€

aus Stahl kaufen, der im 16. Jh. in jeder besseren Degenscheide steckte und heute als Taschen- und Jagdmesser angeboten wird, etwa bei *Arcos (C/. Feria, 30)* und *Gómez (C/. Feria, 12)*. Mit diesen Messern statten sich Jäger aus, die zur Rebhuhn- und Hasensaison im *Parador de Albacete* einkehren, einer Oase in dieser kargen Landschaft *(70 Zi., N-301, Hondo de la Morena, Tel. 967 24 53 21, Fax 967 24 32 71, €€)*. Er liegt nah genug an der Stadt – 7 km südöstlich –, dass man sich weder eine *tapa* in der *Casa Juan (Pl. San Juan, s/n)* noch die *marcha,* die gesellige Vergnügungstour, in Albacetes lebhaftem Viertel um die *C/. Mayor* und die *C/. Concepción* entgehen lassen muss.

Von eigenem Reiz ist die *La Manchuela* genannte Gegend im Nordosten Albacetes. Hier kann man etwa in dem Dörfchen *Cubas* **(113/F3)** in der *casa rural El Fortín* wohnen, einem Häuschen für 6 Personen, das in die Felsen über der Schlucht des Río Júcar gehauen wurde. Das *Centro de Desarrollo Rural de la Manchuela (C/. Matadero, Fuentealbilla, Tel. 967 47 75 35, Fax 967 47 75 05)* hat weitere Häuser und steht Entdeckern der Manchuela mit Rat und Tat zur Seite. Von hier aus kann man die herrlichen *Hoces del Júcar* erkunden, die Júcarschluchten, mit wunderhübschen Städtchen wie *Alcalá del Júcar* und *Jorquera.*

Biar **(114/C5)**

Unternehmungslustige mit niedrigem Reisebudget kommen komfortabel unter in der Jugendherberge *Albergue Juvenil* in Biar *(68 Betten, Tel. 965 81 08 75),* die Burgenrundfahrten organisiert. Die *Burg* von Biar selbst (3600 Ew., 750 m) birgt im Inneren *almohadische Gewölbe.* Im Ortskern zieht abends die Jugend durch Bars und Cafés. Modern und wohnlich ist das Hotel *Villa de Biar* in einem alten Adelshaus *(42 Zi., C/. San José, 2, Tel. 965 81 13 04, Fax 965 81 13 12, €€–€).*

Cova de Canalobre **(115/D5)**

24 km nördlich von Alicante liegt bei Busot diese bizarre Tropfsteinhöhle. *Von der Landstraße Busot–Jijona nach 2 km rechts abbiegen und der Beschilderung folgen; im Winter 11–18.30, im Sommer und in der Karwoche 10.30–21 Uhr.*

Jijona (Xixona) **(115/D5)**

Türkischem Honig nicht unähnlich ist die vor allem zu Weihnachten beliebte Süßigkeit *turrón.* Die Ruine einer maurischen Burg über der Stadt (7850 Ew.) bezeugt, aus welcher Zeit die Rezepte sind. In zahlreichen Fabriken kann man zu beiden Seiten der N-340 das feine Mandelgebäck kaufen. Auch ein Museum ist ihm gewidmet: das *Museo del Turrón (Avda. Alcoy, 62, tgl. 9.30 bis 13.30 und 16–20 Uhr).*

Monóvar (Monòver) **(114/C6)**

Malerisch unter der blauen Kuppel der *Ermita de Santa Bárbara* liegt die kleine Stadt Monóvar (12 100 Ew.), Geburtsort des Schriftstellers José Martínez Ruiz, genannt Azorín (1874 bis 1967), dem ein kleines Museum gewidmet ist *(C/. Salamanca, 6, Mo–Fr 10–14, im Winter auch 16 bis 19 Uhr).* Während etwas weiter südlich Tafeltrauben angebaut werden, beginnt hier die wichtigste Weinbauregion der Provinz Alicante, die sich von Villena bis

Jumilla erstreckt. Außer gepflegten Monastrellweinen kann man in der *Bodega Salvador Poveda (C/. Benjamín Palencia, 19, 8–13 Uhr)* *fondillón* kaufen, einen 20 Jahre im Fass gereiften, hochprozentigen Wein. Das *Museo de Artes y Oficios* dokumentiert die lokale Lebensweise *(Ronda de la Constitución, 11, Mo–Fr 10–13 und 16 bis 17 Uhr)*. Eine gute Adresse ist das Restaurant *Xiri (Parque Alameda, s/n, 965 47 29 10, Do abends und Mo geschl., €€)*.

Novelda **(114/C6)**

Die um die Mitte des 19. Jhs. dank ihrer Marmorindustrie und dem Anbau feiner Tafeltrauben reich gewordene Stadt (23 100 Ew.) liegt am heute weitgehend trockenen Río Vinalopó. Safran wird zwar nicht mehr angebaut, doch die Ernten aus der Mancha und Aragonien werden über Novelda in die ganze Welt vertrieben. Ein Spaziergang führt an einer Reihe von Jugendstilhäusern vorbei zur *Casa Museo Modernista,* einem Jugendstilmuseum voller Sammlerstücke *(C/. Mayor, 24, Tel. 965 60 02 37, So und feiertags geschl.). Auskunft: im Rathaus (Ayuntamiento), Pl. España, 1.*

3 km nordwestlich von Novelda wird derzeit das *Castillo de la Mola* mit seinem dreieckigen Wehrturm aus dem 14. Jh. restauriert. Bis die Morisken 1609 aus dem Land gewiesen wurden, lag die Stadt auf diesem Berg, wo nur ein Kloster neben der Burg zurückblieb. Von 1918 bis 1945 wurde hier die Jugendstilkirche

Ein origineller Sakralbau ist das Santuario de la Magdalena bei Novelda

🔸 *Santuario de la Magdalena* gebaut, die Gaudís *Sagrada Familia* in Barcelona ähnelt.

Petrel (Petrer) **(114/C5)**
In Elda (55 600 Ew.), Petrel (26 200 Ew.) und Sax (8640 Ew.) liegen auf kahlen Hügeln drei markante ★ *Burgen.* Die von *Petrel* wurde in den 80er-Jahren restauriert, wobei ein unterirdischer Gang zugänglich gemacht wurde. Das *Museo Arqueológico* in *Elda* zeigt Funde aus prähistorischer, iberischer und römischer Zeit *(Casa de la Cultura, C/. Príncipe de Asturias, 40, tgl. 9–14 und 17 bis 20 Uhr, Aug. geschl.).*

Villena **(114/C5)**
Der bronzezeitliche *Goldschatz von Villena,* bestehend aus 60 goldenen Stücken und mehreren Stücken aus Silber, Bronze und Eisen, wurde 1963 gefunden und ist im *Museo Arqueológico* zu bewundern *(Pl. Santiago, 2, Di–Fr 10–14 und 17–20, Sa, So und feiertags 11–13.30 Uhr).*

Villena (31 600 Ew., 505 m) war bis 1836 Hauptstadt dieses Bezirks im kastilisch-valencianischen Grenzland. Von Bedeutung zeugt das mächtige 🔸 *Castillo de la Atalaya* auf dem *Monte de San Cristóbal,* von wo aus man die 50 m tiefer gelegene Stadt und das Valle del Vinalopó überblickt (für Besichtigung des Inneren Schlüssel im *Ayuntamiento, Pl. Santiago, 2;* noch bis 2000 in Renovierung). Die Gewölbe der spätgotischen *Iglesia de Santiago* ruhen auf elegant gewundenen Säulen. *Auskunft: Oficina de Turismo, Pl. Santiago, 5, Tel. 965 80 38 04.*

Gute Weine der Region führen die *Bodegas Valdés (C/. Luciano López Ferrer, 4).* Das Hotel *Salvadora* ist einfach, aber ansprechend *(42 Zi., Avda. Constitución, 96, Tel. 965 80 09 50, €).*

ELCHE (ELX)

☛ **Stadtplan in der hinteren Umschlagklappe**

(117/E1) ★ Die Stadt (192 500 Ew.) hat gewissermaßen 400 000 Einwohner. Mehr als die Hälfte von ihnen sind Palmen, die von den *Ilicitanos* wie Mitbürger verehrt werden. Vor Jahrzehnten wurden noch 300 000 *palmeras* gezählt, doch das Zentrum der Schuhfabrikation ist kräftig auf Kosten des Palmenwaldes gewachsen.

Schon Motive iberischer Keramik aus *La Alcudia,* einer archäologischen Stätte 2 km südlich der Stadt, zeigen geflügelte Wesen mit Palmenwedeln. Ausgrabungen lassen vermuten, dass nicht etwa die Phönizier die Dattelpalme um das 5. Jh. v. Chr. in die von den Griechen *Helike* genannte Ibererstadt brachten. Die

Die Marco Polo Bitte

Marco Polo war der erste Weltreisende. Er reiste in friedlicher Absicht, verband Ost und West. Er wollte die Welt entdecken, fremde Kulturen kennen lernen, nicht zerstören. Könnte er heute für uns Reisende nicht Vorbild sein? Aufgeschlossen und friedlich sollte unsere Haltung auf Reisen sein. Dazu gehören auch Respekt vor Mensch und Tier und die Bewahrung der Umwelt.

WWF

Phoenix dactylifera, so ihr fachsprachlicher Name, könnte nach Meinung der Experten hier die Eiszeit überstanden und schon eine Rolle im Leben der Iberer gespielt haben, als der Río Vinalopó so viel Wasser führte, dass er hier eine Lagune bildete. Die Karthager zerstörten Helike um 230 v. Chr., und im 2. Jh. v. Chr. gründeten die Römer *Illici.* Die Araber zogen im 8. Jh. mit der Stadt an deren heutigen Standort um und machten die *palmerales* zu einem schattigen Wald jenseits der Stadtmauer.

Die größte Ehre, die Elche zu vergeben hat, ist es, Palmen Ehrenbürgern zuzuordnen: Francisco Sánchez alias Tío Pepe, verstorbener Gärtner des *Huerto del Cura,* und die berühmte Wittelsbacherin Elisabeth, genannt Sissy, zählen zu den Erwählten. Zum Palmsonntag sind gebleichte Palmwedel das Emblem dieser gastfreundlichen Stadt.

BESICHTIGUNGEN

Baños Árabes

Im *Convento de la Merced* blieben die Reste eines arabischen Badehauses aus dem 12. Jh. erhalten. 1997 wurde die Restaurierung dieser neben den *Baños del Almirante* von Valencia einzigen erhaltenen arabischen Bäder der Region abgeschlossen. *Pl. Merced, s/n, Di–Sa 9.30–14 und 16.15–19.30, So 10–14 Uhr*

Basílica de Santa María

Unter der blauen Keramikkuppel der barocken Basilika aus dem 17. Jh. findet am 14. und am 15. August ein Wunder statt: das berühmte *Misteri d'Elx.* An einem 29. Dezember des 13. Jhs. wurde das Marienbild gemäß der Legende in einer Kiste an die Küste nahe Elche spült, zusammen mit der Partitur des Singspiels und der Nachricht: »Ich bin für Elche.« Nach neueren Erkenntnissen geht das *Misteri,* kurz *La Festa* genannt, auf das 15. Jh. zurück. Papst Urban VIII. gab der volksnahen Darstellung des Marientodes – die Ilicitaner sprechen im Einklang mit der katholischen Theologie von *dormición,* »Entschlafen« – und der Krönung der Himmelskönigin 1632 seinen Segen. 1673 wurde mit dem Bau der Basilika begonnen, eines der schönsten barocken Gotteshäuser der Levanteküste, in dessen Kuppel das Marienbild hinaufschwebt, um unter Tränen und Vivatrufen der Gläubigen gekrönt zu werden. Das Portal hat der Straßburger Bildhauer Nicolaus Bussi gestaltet. Der massive, quadratische Turm ist 37 m hoch und bietet einen guten Rundblick. *Pl. Santa María, tgl. 7.30–14 und 17–20 Uhr*

La Calandahorra

Der ursprünglich 30 m hohe Turm war der herausragendste Teil der arabischen Stadtburg, zu der auch der *Palacio de Altamira* gehört. 1829 blieb nach einem Erdbeben der immer noch beeindruckende, 15 m hohe Rumpf übrig. *C/. Uberna, Di–So*

Calendura und Calendureta

Seit 1759 schlagen diese beiden Holzfiguren mehr oder minder präzise die Viertel- und die ganzen Stunden. Sie wohnen in einem kleinen Turm im nordwestlichen Winkel der *Pl. Mayor.* Das *Ayuntamiento* nebenan wurde im 16./17. Jh. gebaut.

Huerto del Cura und Palmenhaine
Ein unvergessliches Erlebnis ist ein Spaziergang durch den *Palmeral de Europa* bei Sonnenaufgang. So wird der größte Palmengarten des Kontinents allerdings nur in Prospekten genannt – für die *Ilicitanos* sind die rund 200 000 Dattelpalmen in privaten und öffentlichen Gärten, in Parks und entlang dem Río Vinalopó schlicht ihre *palmerales.*

Auf bis zu 300 Jahre soll es eine gestandene *palmera* bringen. Im Huerto del Cura finden wir die siebenstämmige *Palmera Imperial,* die im Jahr 1894 Kaiserin Elisabeth von Österreich so gefiel, dass sie seither »Kaiserpalme« genannt wird. Dieser private *palmeral* ist 13 000 m^2 groß und birgt außer Palmen und tropischen Pflanzen einen Kakteengarten *(Puerta de la Morera, 47, 9 Uhr bis Sonnenuntergang).* Im Norden schließt der *Parque Municipal* den Kreis der *palmerales* um die Altstadt.

Ein Höhepunkt der iberischen Bildhauerkunst: die 1897 zu Tage geförderte »Dame von Elche«

MUSEEN

Museo de la Alcudia
Hier werden Funde aus iberischer und römischer Zeit gezeigt, die aus *La Alcudia* stammen, dem antiken Vorgängerstandort von Elche. Beachtenswert ist die »Schwester« der *Dama de Elche,* in diesem Fall das Original einer thronenden Figur. Der fehlende Kopf und eine Schulter wurden in Grundzügen nachmodelliert. *Ctra. Elche–Dolores, Di–Sa 10–14 und 16–19, So 10–14 Uhr*

Museo Arqueológico
Im *Palacio de Altamira,* im 15. Jh. auf den Resten der arabischen Festung erbaut, führen Funde aus allen Epochen durch die Geschichte. Außer der originalgetreuen Kopie der *Dama de Elche* sind die *bichas,* iberische Tierskulpturen, sehenswert. *Pl. Mayor, s/n, Tel. 965 45 36 03, Di–Sa 10–13 und 16–19, So 10–13 Uhr*

Museo de la Festa
In der *Ermita de San Sebastián* hat die Stadt ein ganz neues Museum für das *Misteri d'Elx* eingerichtet. *C/. Mayor de la Villa, s/n, Di–Sa 10 bis 13 und 16–20.30, So 10–13 Uhr*

RESTAURANTS, BARS UND CAFÉS

Der schönste Ort in Elche, um im Sommer gepflegte Küche zu genießen, ist unter den Palmen der Terrasse von *Els Capellans,* das zum Hotel *Huerto del Cura* gehört; hier huldigt man einer modernen Küche mit baskisch-kantabrischem, also nordspanischem Einschlag *(Puerta de la Morera, 14, Tel. 965 45 80 40, tgl., €€).*

Den besten *tapa*-Tresen hat das Restaurant *Mesón El Granaíno:*

levantinische und andalusische Küche mit Niveau *(C/. José María Buch, 40, Tel. 966 66 40 80, So geschl., €€–€).* Erstklassige *tapas* nach einheimischer Art gibt's im *Mesón Casa Antonio (C/. Pepe Ibarra, 6).*

EINKAUFEN

Zum Palmsonntag wird aus gebleichten Palmwedeln filigranes Flechtwerk hergestellt. Dann sitzen die *trenzadoras* an der *Pl. Rei Jaume,* wo man um diese Zeit Palmzweigerzeugnisse erstehen kann. Auch im *Huerto San Plácido (Puerta de la Morera, s/n, beim Huerto del Cura)* gibt es *trenzado de palma blanca,* ebenso Datteln aus dem *palmeral.* Keramik ist bei *Albarranch* in der *C/. Doctor Jiménez Díaz* empfehlenswert. Günstige Schuhe aus lokaler Produktion hat *Salvador Artesanos (Ctra. Murcia–Alicante, km 53).*

ÜBERNACHTUNG

Hostal Candilejas

Gepflegt und mit Klimaanlage für sommerliche Aufenthalte gerüstet. *24 Zi., C/. Doctor Ferrán, 19, Tel./Fax 965 46 65 12, €*

Huerto del Cura

Ein bezauberndes Ausnahmehotel der Luxusklasse. Näher kann man Elche als Tourist nicht kommen. *77 Zi., C/. Puerta de la Morera, 14, Tel. 965 45 80 40, Fax 965 42 19 10, €€€*

El Palmeral

Luxus-Campingplatz unter Palmen, nur 500 m vom Zentrum. *270 Personen, Prolongación C/. Curtidores, s/n, Tel. 965 42 27 66, Fax 966 61 05 04, €€€*

El Pinet

Sonne, Strand und Elche kann man von diesem städtischen Campingplatz bei La Marina aus miteinander verbinden. *1600 Personen, Ctra. Alicante–Cartagena, km 26, Tel. 965 41 91 48, €€*

SPORT UND FREIZEITAKTIVITÄTEN

Ballonfahrten

Für schwindelfreie Frühaufsteher der schönste Blick über Elche und Umgebung. *Victoria Servicios Aerostáticos, Tel./Fax 966 63 74 01, Mai–Sept. tgl., sonst wochenends, Treff gegen 7.30 Uhr*

Golf

Zwei Plätze mit 18 Loch: *Golf Country Club de La Marquesa, Avda. de las Naciones, 24, Rojales (19 km südlich von Elche), Tel. 966 71 42 58, Fax 966 17 42 67; Real Club de Golf Campoamor, C/. Valencia, Orihuela, Tel. 965 32 13 66, Fax 965 32 24 54.*

Río Safari

In einem Palmengarten können sich die Besucher auf künstlichen Kanälen mit dem Boot an Löwen und Krokodile heranpirschen. *Ctra. Santa Pola, km 4, Tel. 966 63 82 88, tgl. 10.30–21 Uhr*

AUSKUNFT

Oficina de Turismo

Parque Municipal/Portel de Granyana, Tel. 965 45 27 47, Mo–Fr 9.30–14.15 und 16.15–17.45, Sa/So 10.15–13.15 Uhr

ZIELE IN DER UMGEBUNG

Orihuela (117/D2)

Die heutige Kreishauptstadt (51 400 Ew.) der Vega Baja del Segura blickt auf eine zweitausendjährige Geschichte zurück. Von den Römern *Aurariola,* von den Mauren *Origuela* genannt, war die ausnehmend schöne Stadt von 1564 bis 1975 Bischofssitz. In der unscheinbaren Ruine der *Burg* auf der ✱ *Sierra de Orihuela* über der vom Río Segura begrenzten Altstadt verschanzte sich 713 der Westgotenfürst Theodomir mit seinem abgekämpften Heer und verkleidete der Legende nach alle Frauen als Soldaten, um die arabischen Belagerer zu täuschen. So gelang es Theodomir, als Vasall der Mauren die Gegend bis Alicante zu beherrschen.

Eine neue Blüte erlebte die Stadt ab dem 14. Jh. Die Kathedrale *El Salvador* hat außer zwei gotischen Portalen ein beeindruckendes Renaissanceportal von Juan Inglés auf der Nordseite. Das *Museo Diocesano de Arte Sacro (Mo–Fr 10.30–13.30 und 17 bis 18.30, im Sommer 17–19.30 Uhr, Sa nachmittags geschl.)* zeigt das Gemälde *Die Versuchung des hl. Thomas von Aquin* von Velázquez. Vom ✱ *Seminario Diocesano de San Miguel* bietet sich ein schöner Blick über die Altstadt. Rechter Hand ragt der gotische, mit Wasserspeiern gezierte Turm der *Iglesia de las Santas Justa y Rufina* auf. Weiter rechts versteckt sich die gotische *Iglesia de Santiago,* in der eine Figurengruppe der Hl. Familie von Salzillo steht. Das *Museo de la Semana Santa (Pl. Merced, 1, Mo–Fr 10–13.30 und 16–18 Uhr, Sa nur vormittags)* bewahrt die *pasos* auf, jene Figurengruppen, die bei den Karprozessionen durch die Stadt getragen werden. Eine von ihnen darf auf päpstliche Anordnung nicht in die Kathedrale gelangen: *La Diablesa.* Die Skulptur aus dem 18. Jh. zeigt den Triumph des Himmelreichs über Tod und Sünde, repräsentiert von einer diabolischen Frauengestalt. Der *Palmeral de San Antón* im Nordosten der Altstadt ist der bedeutendste nach denen von Elche. Das *Museo de la Reconquista (C/. Francisco Díez, 25, Mo–Fr 10.30–13 und 17–19 Uhr)* ist der *Fiesta de Moros y Cristianos* gewidmet. Zum Übernachten fahren Sie nach Fortuna (rund 25 km nordwestlich) oder ans Meer (Torrevieja).

Süße Köstlichkeiten backen die Ordensschwestern des *Monasterio de la Santísima Trinidad (Pl. Trinidad, 6, 9.30–13.30, 16.30–18.30 und 19.30–20.30 Uhr, So geschl.). Auskunft: Oficina de Turismo, Palacio de Rubalcava, C/. Francisco Díez, 25, Tel. 965 30 27 47, Mo–Fr 8–15 Uhr.*

Santa Pola (117/F2)

Die Fischerstadt (17 500 Ew.) war ein wichtiger römischer Hafen; unter dem Namen *Portus Ilicitanus* war er Elches Tor zum Mittelmeer. Rund um die *Burg* aus dem 16. Jh., in der ein *Archäologisches Museum* und ein *Aquarium* untergebracht sind *(Sa nachmittags und So geschl.),* und entlang der *Playa Lisa* geht es in Bars und Cafés lebhaft zu. In den *Salinas de Santa Pola* werden jährlich 100 000 t Salz abgebaut, zum ökologischen Nachteil der Lagune, in der auch Flamingos zwischenlanden. Der *Club Náutico* am Hafen *(Tel. 965 41 16 47)* bietet alles für Wassersport.

Insel Tabarca (117/F2)

Auf Tabarca ist alles verboten, Zelten, Bauen und Wasserski ganz besonders. Dennoch stürmen täglich Hunderte von Ausflüglern die 1800 m lange, 400 m

Puerta de San Gabriel auf der Insel Tabarca, einer Zuflucht für Ruhebedürftige

breite und mit 40 Ew. einzige bewohnte Insel der Region. Seit hier 1768 Genueser angesiedelt wurden, hat sich die Insel kaum verändert. Reste der Stadtmauer ragen auf den Klippen, weiße, überwiegend alte Häuser scharen sich um die wehrhafte *Iglesia de San Pedro*. Zahlreiche *chiringuitos* bereiten am Strand Frischgefangenes zu, ebenso wie mehrere Restaurants. Am schönsten ist Tabarca, wenn das letzte Schiff abgelegt hat. Außer den Einwohnern können diese Ruhe nur jene wenigen genießen, die im einzigen Hotel reserviert haben, der einfachen, aber gepflegten *Casa del Gobernador (14 Zi., C/. Arzola, s/n, Tel./Fax 965 96 08 86, €)*. Fähren ab *Alicante* und *Santa Pola (Tel. 966 69 22 76)*.

Vega Baja del Segura (117/E2–3)

An die Lagunen von Santa Pola schließt sich das Mündungsgebiet des Río Segura an. In den berühmten Dünen rund um den Badeort *Guardamar del Segura* (7450 Ew.) wurde 1997 ein großer Zaun errichtet. Hier stießen Archäologen nämlich auf die Überreste der größten phönizischen Stadt an der europäischen Küste, die vermutlich aus dem 7. Jh. v. Chr. stammt. Das *Museo Arqueológico (C/. Colón, 46, Mo–Fr 17–20 Uhr)* zeigt Funde aus iberischen Siedlungen und der *Rápita Califal,* einem Ensemble von Moscheen, die hinter den Dünen zum Vorschein kamen.

Trotz der Funde bleibt genug Platz für Campingplätze *(580 Personen, Juni–Sept., Palm Mar, Ctra. Alicante–Cartagena, km 36,5, Tel. 965 72 88 56, €€)* an feinsandigen Stränden bis hinab nach *Torrevieja* (30 000 Ew.), wo viele Nordeuropäer ihren Wohnsitz genommen haben. Die Salzlagunen *(salinas)* von Torrevieja und La Mata stehen unter Naturschutz *(Casa Forestal, Tel. 966 92 04 04)*. Außer bei der *Oficina de Turismo (Pl. Ruiz Capdepont, Tel. 965 71 59 36)* bekommt man im Lokalbüro der »Costa Blanca Nachrichten« jede Menge Informationen über die Gegend *(C/. Rambla Juan Mateo, 26, Tel. 966 70 18 93, Fax 965 70 37 76)*. Während sich um den modernen Sporthafen und die nahen Strände Hotelburgen türmen, liegen an der übrigen Küste diskrete Hotels wie das *Montepiedra (64 Zi., C/. Rosalía de Castro, s/n, Dehesa de Campoamor, Tel. 965 32 03 00, Fax 965 32 06 34, €€–€)*.

Spaniens heiße Küste

Wo Regen ein Fremdwort ist und unter jedem Stein Geschichte liegt

Den erdgeschichtlichen Vorgängen, die außer den Pyrenäen das Betische Gebirge und, jenseits der Straße von Gibraltar, den Rif-Atlas im Wortsinn »hervorgebracht« haben, verdanken Andalusien die Sierra Nevada, die Costa Blanca den Peñón de Ifach, die Balearen überhaupt ihre Existenz. Murcia dagegen hat der geologische Druck der afrikanischen Kontinentalplatte nur heiße Luft eingetragen. Die Tiefdruckwirbel der Balearen regnen sich am Betischen Gebirge ebenso ab wie atlantische Tiefdruckausläufer. Nach einem unverhofften Gewitterguss können hier Jahre bis zum nächsten vergehen. Nennenswerte Niederschläge fallen nur in den bis zu 2081 m hohen Sierras bei Caravaca de la Cruz. Weil die Region so trocken ist, kommen viele gerade deshalb: Sie lassen es sich in Thermalbadeorten wie Archena und Fortuna gut gehen. Dasselbe tun Hunderttausende rund um Europas größte Badewanne, das Mar Menor, das für sein jodhaltiges Wasser und unbegrenzte Freizeitsportmöglichkeiten berühmt ist. Abseits von La Manga trifft man auf die weitgehend unberührte *Costa Cálida* (»Heiße Küste«). Sie ist ein Paradies für Taucher und bietet feinsandige Strände zwischen bizarren Klippen. Das Hinterland haben Berg- und Schiffbau seit der Antike kahl und karg zurückgelassen. Unter jedem Stein, auf dem Festland wie unter Wasser, liegt Geschichte. Phönizier, Griechen und Römer schürften hier Kupfer, Zinn und Silber; um die Wende zum 20. Jh. erlebte der Bergbau gar einen neuen Boom. Die Araber machten das trockene Land urbar. Bis ins späte Mittelalter war Murcia führender Produzent von Baumwolle und Seide auf dem Kontinent. Dank Wasserlieferungen aus Zentralspanien ins Tal des Río Segura zählt die Region heute zu den führenden Gemüseexporteuren.

Wasserpumpende Windmühle an den Salzteichen von San Pedro del Pinatar

COSTA CÁLIDA

(116–117/B6–D5) Kaum hat man den Rummel des Mar Menor und das geschäftige Cartagena hinter sich gelassen, gelangt man an eine

Küste, wo skurrile Klippen, schwarze Riffe sowie gelbe und weiße Strände sich abwechseln, die man fast ganz für sich hat. Außer Tauchfreaks und Surfern aus ganz Europa kommen überwiegend Einheimische aus der *huerta* und aus Murcia hierher: rund 60 km »heiße Küste«, an der man keinen Luxus erwarten darf, jedoch vor Touristennepp in jeder Form weitgehend sicher ist.

ZIELE AN DER COSTA CÁLIDA

Águilas (116/B6)

Seit den 80er-Jahren hat sich die Hafenstadt (26 500 Ew.) unter dem *Castillo de San Juan* zu einem bescheidenen, aber angenehmen Hort des regionalen Tourismus entwickelt, ferner zu einem wichtigen Zentrum für den Bau von Fischerbooten und Yachten. Ins Auge fallen, außer den Hotels im Norden, die hellen Gerippe der *Schiffsrümpfe* am Hafen. Ein weiterer Blickfang ist der *Puerto del Mineral,* eine imposante Stahlkonstruktion, von der früher Erz verladen wurde.

Die *Playa de la Calabardina* im Norden verliert wegen fehlender Infrastruktur immer mal wieder ihre blauen EU-Fahnen, was aber nicht gegen die Qualität des Wassers spricht. Sandstrände wechseln hier mit Formationen aus Kalkstein und sandigem Erdreich ab, aus dem der Wind bizarre Formen bildet, etwa an den naturgeschützten Klippen von *Cuatro Calas.* Der *Club Náutico de Águilas (Puerto Deportivo, P.° de Parra, 44, Tel. 968 41 37 00, Fax 968 41 19 51)* informiert über Tauchen, Segeln und Ankermöglichkeiten. Zum Essen und Schlafen ist *El Paso* auf halbem Weg zur Playa de la Calabardina eine sichere Adresse *(24 Zi., C/. Cartagena, 13, Tel. 968 44 71 25, Fax 968 44 71 27, €).* Die einzige Jugendherberge weit und breit hat wegen Jugendcamps nur wenige Plätze zur Verfügung: *Albergue Juvenil de Cala Reona (82 Betten, Ctra. Águilas–Vera, km 5, Tel. 968 41 30 29).* Schön gelegen und nah am Strand ist *Camping Bellavista (117 Plätze, Ctra. Águilas–Vera, km 3, Tel. 968 44 91 51, €€).* Ein Mit-

MARO POLO TIPPS FÜR MURCIA UND DIE COSTA CÁLIDA

1 Museo Salzillo
Die barocken Holzfiguren scheinen bei den Karprozessionen in Murcia lebendig zu werden (Seite 82)

2 Kathedrale in Murcia
In ihrer Fassade spiegelt sich der Barock der Levanteküste (Seite 82)

3 Tapa-Bars und Cervecerías
Ein Erlebnis: abendliche Jause-Sause (Seite 84)

4 Lorca
Die Stadt in der murcianischen *huerta* ist voller Schönheit (Seite 86)

5 Cartagena
Geschichtsspuren auf Schritt und Tritt (Seite 79)

Hier wurde noch vor einigen Jahren Erz verladen: Puerto del Mineral in Águilas

bringsel aus Águilas sind die Produkte der *cordeleros,* die am *P.° de la Constitución* nach alter Tradition Espartogras flechten. *Auskunft: Oficina de Turismo, Pl. Antonio Cortijos, s/n, Tel. 968 41 33 03, Juni bis Sept. Mo–Sa 9–15 und 16 bis 22 Uhr, Okt.–Mai Mo–Fr 9–14 und 17–19 Uhr, Sa nur vormittags.*

Cartagena **(117/D5)**

★ Anstelle von Mauren und Christen ziehen hier im September *Cartagineses y Romanos* durch die Straßen, als Karthager und Römer Verkleidete – ein Tribut an die Geschichte, auf deren Spuren man in Cartagena (181 000 Ew.) allenthalben stößt. In der *Caja de Ahorros* (Sparkassenfiliale) in der *C/. Duque* wollen mehr Besucher die *Vía romana,* ein Stück Römerstraße, sehen als Geld abheben *(nur vormittags).* Das 1990 entdeckte und in der Folge freigelegte *römische Amphitheater* hat sich als eines der bedeutendsten der augusteischen Epoche entpuppt; es stammt aus dem Jahr 6 v. Chr. und fasste über 6000 Zuschauer.

Karthager gründeten *Quart Hadas* (»Neue Stadt«) 223 v. Chr. Erst in den 90er-Jahren sind Überreste der punischen Stadtmauer auf dem *Monte de San José* aufgetaucht. Die Römer eroberten die Stadt 209 v. Chr. und nannten sie *Carthago Nova.* Von der byzantinischen Herrschaft um 550 zeugen Reste der *byzantinischen Stadtmauer* in der *C/. Doctor Tabia Martínez (Di–Sa 10–13 und 16–18 Uhr).* Von der *Iglesia de Santa María la Vieja,* früher Kathedrale, neben dem Amphitheater heißt es, der Apostel Jakobus der Ältere habe sie im 1. Jh. gegründet.

Geprägt wird die Stadt heute von ihrem modernen Hafen, über dem mehrere Burgen thronen. Das *Castillo de la Concepción,* von dem aus man den Hafen und die Stadt überblickt, stammt aus der Araberzeit, desgleichen der Leuchtturm *La Linterna;* ansonsten ist der Burghügel ein Park mit baulichen Resten von den Zeiten der Iberer bis in die Neuzeit. Ab 1770 entstanden die übrigen Festungen auf den Bergen um den Hafen. Aus den ersten Jahren des 20. Jhs. stammt das *Ayuntamiento* mit seiner sehenswerten Haupttreppe, vom Jahrhundertende hingegen das postmoderne Gebäude des Regionalparlaments, die *Asamblea Regional* am *P.° Alfonso XIII*. Im *Museo Nacional de Arqueología Marítima* sind Funde vom Meeresgrund zu sehen *(Dique de Navidad, Di–So 10–15 Uhr)*. Kunsthandwerkliche Erzeugnisse der Region zeigt und verkauft das *Centro para la Artesanía (Avda. Ciudad de la Unión, s/n)*.

Im *Los Habaneros* bereitet man auf klassische Weise zu, was Meer und *huerta* bieten *(C/. San Diego, 60, Tel. 968 50 52 50, tgl., €€–€)*. Ein gut ausgestatteter Nudisten-Campingplatz ist *El Portús* an der *Playa de Fatares*, 10 km westlich von Cartagena *(700 Plätze, El Portús, Tel. 968 55 30 52, €€)*, umgeben von aufregenden, etwas steinigen Sandstränden am Fuß der Sierra de la Muela. *Auskunft: Oficina de Turismo, Puertas de San José, s/n, Tel. 968 50 64 83, Mo–Sa 10 bis 13.30 und 17–20.30 Uhr.*

MAR MENOR

(117/E4) Von dem 342 m hohen *Cabezo de la Fuente* im Süden überblickt man das ganze »Kleine Meer«, wie der spanische Name des Gewässers besagt: Im Nordosten erstreckt sich die knapp 20 km lange Landzunge, die das Mar Menor vom »großen Meer« trennt. Während sich in La Manga Hotels und Apartmentburgen drängen, stößt am Westufer über weite Strecken das flache Land an das Binnenmeer. Doch auch hier, wo Seebäder wie Los Alcázares noch etwas Charme bewahrt haben, zeichnen sich Hochbauten vor dem tiefen Blau ab. Seine 73 km Strand (samt Mittelmeeranteil) machen das Mar Menor zu einem Ferienparadies. Da stört nur die Flut von Quallen, die alljährlich in die »kleine Wanne« strömen, angelockt von der Wassertemperatur, die dank der Tiefe von 7 m um 5 Grad über der des Mittelmeeres liegt.

Die Atmosphäre am Mar Menor ist ganz anders als etwa jene in Benidorm. Auf 250 000 Besucher in der Hauptsaison kommen hier gerade 5000 Hotelbetten. Der Pauschaltourismus ausgenommen, ist das Mar Menor Hausstrand der ganzen Region, während das Luxuspublikum in den Yachthäfen und im nahen Fünfsternehotel vor Anker geht.

ZIELE AM MAR MENOR

Calablanque (117/E5)
Östlich der *Punta Negra* mit ihren Schieferfelsen erstrecken sich bis zum Cabo de Palos die langen Strände des Naturschutzgebietes Calablanque. 4 km südöstlich von La Unión können in *Portman* die Reste jener Villen besichtigt werden, in denen einst die Römer bei ihrem Seehafen *Portus Magnus* die Sommerfrische suchten. Schlacken des Bergbaues haben die kleine Bucht fast vollständig aufgefüllt.

Islas Hormigas (117/E–F4)
Bei einer geführten Tour zu der Inselgruppe mit ihren tückischen Riffen vor dem Cabo de Palos kann man viele Schiffe auf dem Grund gewahren. Die artenreiche Unterwasserwelt steht unter Naturschutz. Wo man tauchen darf, erfährt man bei ortskundigen Tauchclubs, etwa dem *Club Islas Hormigas (P.° de la Barra, 15, Cabo de Palos, Tel. 968 14 55 30)* und dem *Ribera Diving (C/. Cáno-*

vas del Castillo, 92, Santiago de la Ribera, Tel. 968 19 14 25).

La Manga del Mar Menor (117/E4)
Hotels, die das Meer vor der Tür haben, gibt es viele. Wenn aber vor der Hintertür noch ein Meer ist, dann erkennt man daran ein Hotel in La Manga. Der spanische Name bedeutet »Ärmel«, und dieser »Ärmel« ist an manchen Stellen keine 100 m breit. Weiße Sandstrände flankieren ihn auf beiden Seiten. Am *Cabo de Palos* findet man statt Pizza- und Pommesbuden *tapa*-Bars mit Frischem aus dem Meer. La Manga rauf und runter kann man durch Pubs und Diskos ziehen oder sein überzähliges Geld bei Roulette und Blackjack verspielen.

7 km westlich liegt das Fünfsternehotel *Hyatt La Manga Club Resort (192 Zi., Los Belones, Tel. 968 13 72 34, Fax 968 13 72 90, €€€).* Der *Club de Golf Los Belones* mit drei Spitzenplätzen zu 18 Löchern ist über das Hotel zu erreichen *(Fax 968 13 72 72).*

Auskunft: Oficina de Turismo, Gran Vía de la Manga, km 0, Tel. 968 56 33 55, tgl. außer So nachmittags 10–21 Uhr. Über Unterkunft und Sportmöglichkeiten informiert die *Macrocomunidad de Servicios Turísticos (C/. Fuster, 63, Los Alcázares, Tel. 968 17 02 56 und 602 17 17 18, mobil, Fax 968 57 52 49).*

Insel Perdiguera (117/E4)
Von allen Anlegern fahren regelmäßig Boote zu den beiden Inseln im Mar Menor. Neben der größeren, der *Isla Mayor,* ist Perdiguera mit seinen *chiringuitos* Treffpunkt von Familien, die hier Sardinengelage halten.

La Unión (117/E5)
Ende des 19. Jhs. erlebte die Region einen Boom, als in den Sierras erneut nach Erz gegraben wurde. Jugendstil und neureiche Pracht erreichten auch La Unión (14 500 Ew.). Der Jugendstilbau des *Mercado Público* ist der schönste der Region. Hier wird im August das *Festival del Cante de las Minas* veranstaltet. Der *cante* ist ein bedrückender Flamencogesang, der seine Geschichte und seine Themen im Leid Tausender Grubenarbeiter hat. Das *Museo Minero (Pl. Asensio Sáez, Mo–Sa 11–14 Uhr)* dokumentiert die Geschichte des Bergbaues.

Almadraba oder Die hohe Schule des Fischfangs

La almadraba ist eine Kunst, die einst viele Fischer an der Küste von Cádiz bis Calpe beherrschten, wo zwischen Februar und Juli die Thunfischschwärme vorbeiziehen. Zwei Faktoren haben diese Tradition fast aussterben lassen: die starke Überfischung durch nichtspanische Trawler mit Treibnetzen, die großen ökologischen Schaden anrichten, und der Verfall überlieferter Strukturen. Denn zur *almadraba* müssen alle Fischer eines Ortes gemeinsam fahren, um mit mehreren Booten das *cuadro* der Netze zu legen, in dem der Schwarm zusammengetrieben wird. Dieser Brauch ist noch in der kleinen Fischerstadt Azohía zwischen Cartagena und Puerto de Mazarrón lebendig.

EINKAUFEN

Kunsthandwerk

Museum und Verkaufsausstellung des murcianischen Kunsthandwerks ist das *Centro para la Artesanía (C/. Actor Francisco Rabal, 6, Mo–Sa 11–14 und 17–20, So 12–14 Uhr)*. Seit dem 18. Jh. wird in Murcia die Herstellung von *Krippenfiguren* aus Ton gepflegt. In *Puento Tocinos*, 2 km vom Zentrum entfernt, arbeiten noch mehrere *belenistas*, etwa in der *C/. Rosario* und der *C/. La Gloria*. Berühmt ist Murcia für farbenprächtige *jarapas*; in La Paca und Coy **(116/A4)** nordwestlich von Lorca kann man diese Baumwollteppiche direkt beim Hersteller kaufen. Bildschöne Teppiche webt *Ar-Tex Muleña* in *Mula (Ctra. Murcia, 29, Tel. 968 66 14 18)*.

Mercado de Verónicas

Köstlichkeiten im Treiben der Jugendstil-Markthalle. *C/. Plano de San Francisco*

ÜBERNACHTUNG

Albergue Juvenil del Valle

Gut ausgestattete Jugendherberge 6 km südlich, beim Santuario de la Fuensanta. *60 Betten, Ctra. La Alberca, s/n, Tel. 968 60 71 58*

Conde de Floridablanca

Das 1920 errichtete Gebäude ist gespickt mit antiken Möbeln und alter Keramik. *85 Zi., C/. Princesa, 18, Tel. 968 21 46 26, Fax 968 21 32 15, €*

Rincón de Pepe

Mit glücklicher Hand neu dekoriertes Hotel, in dem schon Ernest Hemingway logierte. *166 Zi., C/. Apóstoles, 34, Tel. 968 21 22 39, Fax 968 22 17 44, €€€, wochenends €€*

Termas **(116/C2)**

Das im nachempfundenen Mudéjarstil erbaute Etablissement bietet die Segnungen des 18 km nordwestlich gelegenen Thermalbads Archena. *71 Zi., €€; Reservierung: Balneario de Archena, Ctra. del Balneario, Tel. 968 67 01 00, Fax 968 67 10 02*

AM ABEND

An Zahl, Qualität und Ambiente seiner ★ *tapa*-Bars und *cervecerías* steht Murcia sowohl Madrid als auch Sevilla in nichts nach.

Westlich der Plaza Mayor bietet *La Viuda (C/. Arrixaca, 4)* frische Meeresfrüchte. *Pepico del Tío Ginés (C/. Ruipérez, 6)* serviert seit einem halben Jahrhundert Salzfisch *(salazones)* zu Weinen aus Jumilla. Wer ins *El Fénix (Pl. Santa Catalina, 1)* nicht mehr reinpasst, steht an der Durchreiche zur *plaza* nach *tapas* an. *Los Zagales (C/. Polo de Medina)* ist eine Institution direkt neben dem *tapa*-Tresen des bereits erwähnten Restaurants *Las Cocinas del Cardenal (Pl. Cardenal Belluga, 7)*.

Musik und Ambiente

Schauplatz der allabendlichen *marcha* rund um die *Pl. Santa Ana* sind die Terrasse der *Cueva de la Cerveza* und zahlreiche Cocktailbars an der *Gran Vía Alfonso X*. Im *La Muralla (C/. Apóstoles, 34)* lauscht man zwischen den Resten der Stadtmauer Pianomusik. Im Universitätsviertel ist *La Puerta Falsa (C/. San Martín de Porres, s/n)* In-Treff für Jazziges. Der Treff

In üppigen Formen und reichem Figurenschmuck prangt Murcias Kathedrale

schlechthin ist das *El Latino (C/. Victorio, 9)*. Viel Ambiente hat das *El Sur (C/. Salvador Rueda)* hinter dem Casino.

AUSKUNFT

Oficina de Turismo
C/. San Cristóbal, 6, Tel. 968 36 61 00, Mo–Fr 9–14 und 17 bis 19, Aug. 9–14.30, Sa 11–13.30 Uhr

Oficina de Turismo municipal
Palacio Almudí, Tel. 968 21 98 01, Mo–Fr 9–15 und 17–19.30 Uhr

ZIELE IN DER UMGEBUNG

Caravaca de la Cruz (116/A3)
In der kleinen Stadt (21 800 Ew.) mit ihren mittelalterlich-arabisch geprägten Gassen im Norden der *huerta* von Lorca werden Legende und Geschichte eins. Der Altstadt gegenüber liegt auf einem Hügel das befestigte *Santuario de la Vera Cruz* aus dem 17. Jh., dessen spätbarocke Marmorfassade mit aztekischen Formen bekundet, dass die herausragende Reliquie des Ortes Missionare in Mexiko begleitete. Diese Reliquie, nach Überzeugung der Gläubigen ein Splitter des Kreuzes, an dem Jesus starb, ist eingefasst in ein doppelbalkiges Kreuz aus Gold und Silber. Nach Caravaca brachte es der Legende nach am 3. Mai 1231 ein Engel, kurz nachdem der Maurenfürst Said Abu Said die Stadt erobert hatte. Der bekehrte sich zum Christentum, und als die Stadt erneut belagert wurde, legte man die Reliquie in Wein, mit dem sich die müden Krieger stärkten. Seither feiert Caravaca an jedem 3. Mai – an diesem Tag feiert die gesamte katholische Welt das Fest der Kreuzauffindung – die *Carrera de los Caballos del Vino* und schmückt dazu Pferde mit reich bestickten Tüchern. Mit einer siebenjährigen Unterbrechung allerdings: 1934 wurde die Reliquie gestohlen; seitdem ist sie verschwunden.

Die Karprozession in Lorca ist vorüber

1941 überließ Papst Pius XII. der Stadt zwei Splitter des *lignum crucis,* die den Verlust ersetzen. *Auskunft: Oficina de Turismo, C/. Las Monjas, 17, Tel. 968 70 24 24, tgl. außer Di und Sa/So nachmittags 10–14 und 17.30–20 Uhr.*

12 km nördlich liegt das wunderschöne Städtchen *Moratalla* (9000 Ew.) mit mittelalterlichen Gassen unter der Ruine einer arabischen *Burg.* Vom Hotel *Cenajo* aus kann man Ausflüge zu Fuß, zu Pferde und mit dem Fahrrad unternehmen *(Presa del Cenajo, Tel. 968 72 10 11, Fax 968 72 06 45, €). Auskunft: Información Turística, C/. La Constitución, 20, Tel. 968 73 02 58.*

Lorca **(116/B5)**

★ Zwei mächtige Türme blieben von der maurischen *Burg* über Lorca (70 000 Ew.) erhalten. Die einstige Bedeutung der »Stadt der hundert Wappen« – diese prangen an zahlreichen Adelspalästen, etwa der *Casa de Guevara,* Sitz der *Oficina de Turismo (C/. López Gisbert, 12, Tel. 968 46 61 57, Mo–Fr 9.30–14 und 17–19.30, Sa 10–13.30 Uhr, So geschl.)* – wird plastisch, wenn man bedenkt, dass die Burg einmal 36 Türme hatte. Für die Römer war *Ilorci* nur eine Stadt an der *Via Heraclea,* wovon ein römischer Markstein an der *Pl. San Vicente* zeugt. Für das nasridische Königreich von Granada hingegen war Lorca eine wichtige Grenzfestung, die König Alfons X. 1266 kampflos übernahm.

Der Renaissancebau der *Colegiata de San Patricio* von 1533 wendet der *Pl. España* mit dem in nüchternem Barock abgeschlossenen Turm seine Südseite zu. Das frühbarocke Hauptportal bewahrt das geschlossene Gesamtbild. Zwei Museen dokumentieren, was bei den *Karprozessionen* lebendig wird. Das *Museo de Bordados del Paso Azul (C/. Nogalte, 7, Mo-Fr 11–14 und 17–20 Uhr)* zeigt die kunstvolle Gold- und Seidenstickerei der »Blauen Bruderschaft«, die seit Jahrhunderten mit der Cofradía del Paso Blanco rivalisiert; auch die »weiße« Konkurrenz hat ihr Museum: das *Museo de Bordados del Paso Blanco (Pl. Santo Domingo).* Das *Centro para la Artesanía (C/. López Gisbert, s/n)* bietet auch *bordados* an. Kunstvolle *jarapa*-Teppiche stellen *Hermanos Moreno Salinas (Ctra. Caravaca, 50)* her.

Ein ansprechendes neues Hotel in der Stadt ist das *Jardines de Lorca (45 Zi., Alameda Rafael Méndez, s/n, Tel. 968 47 05 99, Fax 968 47 07 19, €€–€).* Der 17 km entfernte *Parador de Lumbreras* ist dank Schwimmbad eine Wohltat in dieser heißen Ecke *(60 Zi., Avda. Juan Carlos I, 77, Puerto Lumbreras, Tel. 968 40 20 25, Fax 968 40 28 36, €€).*

Safran und heiße Quellen

Die hier beschriebenen Routen sind in der Übersichtskarte im vorderen Umschlag und im Reiseatlas ab Seite 108 grün markiert

① ZU DON QUIJOTES WINDMÜHLEN

Belmonte, Campo de Criptana, Consuegra; 100 km, 1–2 Tage

Hinter den Höhenzügen des Iberischen Randgebirges, des *Sistema Ibérico,* das sich von Valencias Hinterland bis hinauf zur nordspanischen Rioja erstreckt, liegt das Land der Windmühlen, gegen die der Ritter von der traurigen Gestalt, Don Quijote, in Miguel de Cervantes' berühmtem Roman anreitet.

Von dem Städtchen *Belmonte* aus *(S. 36)* stimmt Sie die Fahrt nach *Mota del Cuervo* (5670 Ew.) und zur *Sierra de los Molinos* in die Wunder der Mancha ein, die sich auf dieser Reise in immer gleicher Schönheit wiederholen: Während die »süße Feindin«, die Sonne, das Land erst leuchten und dann in Hitze und Licht flimmern lässt, bis sie die rote Erde am Abend erneut zum Leuchten bringt, folgen Sie endlosen Straßen durch das flache Land auf kahle Hügel zu, auf denen Windmühlen ihre Flügel in den Himmel recken und die Ruinen einst stolzer Burgen thronen. Von den fünf restaurierten Windmühlen – das *Centro Artesano de Mota* verkauft hier Kunsthandwerkerzeugnisse der Region – schweift der Blick über die Mancha und die Dächer von Mota, wo u. a. die mozarabische Pfarrkirche und das Töpferviertel *(barrio alfarero)* um die *Pl. Cruz Verde* von Interesse sind.

Nach 9 km in Richtung *Quintanar de la Orden* biegen Sie bei *Venta de Don Quijote* in südwestlicher Richtung ab und fahren in »die große Stadt *El Toboso*«. Es lockt nicht nur der wohlklingende Name dieser 1500-Seelen-Gemeinde, den der hochgemute Ritter wählte, um seine Angebetete »Dulcinea de Toboso« nennen zu können. Die Einwohner dieses schönen Fleckens haben ihrer fiktiven Nachbarin am Ortseingang das Museum *Casa de Dulcinea* gewidmet. Das *Museo Cervantino* im Rathaus an der *Pl. Mayor* neben der gotischen *Iglesia de San Antonio Abad* zeigt internationale Editionen des »Don Quijote«. In einer ehemaligen Bodega aus dem 19. Jh., stilvoll und gemütlich, ist das Hotel *La Casa de la Torre* untergebracht *(9 Zi., C/. Antonio Machado, 16, Tel. 925 56 80 06, €, mit Restaurant für Hotelgäste).*

Weiter in südwestlicher Richtung fahren Sie zu der 15 km entfernten *Ermita de la Virgen de Criptana.* Die Wallfahrtskapelle wurde im 16. Jh. für die Schutzheilige von Campo de Criptana auf dem ehemaligen Burghügel errichtet, der schon in vorrömischer Zeit befestigt war. Im Bürgerkrieg wurde die Kapelle weitgehend zerstört.

Campo de Criptana (14 100 Ew.) mit seinen erhaltenen Windmühlen, einige von ihnen aus dem 16. Jh., auf dem *Cerro de la Paz* ist besonders charakteristisch für die Orte dieser Route. Hier soll sich Don Quijote seinen legendären Kampf mit den ihm als Riesen erscheinenden Windmühlen geliefert haben. Im Städtchen stärken Sie sich im Restaurant *El Rincón de Pepe (C/. Santa Ana, 37, Tel. 926 56 34 37, tgl.)* mit Spezialitäten der Gegend, oder Sie ziehen sich in die Kühle einer ortstypischen Höhle zurück, um etwa in der *Cueva de la Martina (C/. Rocinante, 13, Tel. 926 56 14 74)* den Wein der Gegend zu ortstypischen Gerichten zu kosten. *Auskunft: Oficina de Turismo, Cerro de los Molinos, C/. Barbero, 1, Tel. 926 56 22 31, So nachmittags und Mo geschl.*

Nach einem Umweg nordwärts über die *Ermita de Cristo de Villajos* neben den Resten eines römischen Aquädukts erreichen Sie, erneut in südwestlicher Richtung fahrend, *Alcázar de San Juan* (26 700 Ew.). Hier wurde Miguel de Cervantes in der aus dem 13. Jh. stammenden Kirche *Santa María la Mayor* getauft. Das *Museo Arqueológico Fray Juan Cobe* zeigt außer Ackergeräten römische Mosaiken *(C/. Don Quijote, 16, tgl. außer So 11–13 Uhr).* Interessant außer der Vielzahl von Kirchen und einigen Mühlen ist das Weinmuseum *Museo del Vino (Avda. Criptana, 73).*

Oft begegnen Sie in den Straßen dem Schild mit der Aufschrift *»Quesos Manchegos«,* was den begehrten Manchakäse verheißt. Da sollten Sie zugreifen, am besten dort, wo Sie das Angebot vorher kosten können. Direkt ab Fabrik: *García Baquero (Polígono Alces, 23–24, Tel. 926 58 80 15).* Weine der *D. O. La Mancha,* selbstverständlich nach vorheriger Kostprobe, gibt es in der *Cooperativa Agrícola La Unión (Ctra. Tomelloso, s/n)* und in den *Bodegas Juan Antonio Guillermo Mendieta (Avda. Cervera, 73). Auskunft: Oficina de Turismo, C/. Goya, 1, Tel. 926 55 10 08, Sa/So geschl.*

Vorbei an Lagunen und entlang dem Río Amarguillo, die allesamt wegen der spärlichen Regenfälle und der exzessiven Nutzung des Grundwassers für die Landwirtschaft zumeist trocken sind, gelangen Sie über *Villafranca de los Caballeros* und *Madridejos* nach *Consuegra* (10 200 Ew.). Auf einem Bergrücken liegen um eine Burgruine die berühmten Windmühlen, wo man außer Honig, Wein und kunsthandwerklichen Produkten auch Safran kaufen kann, der hier sein weltweit größtes Anbaugebiet hat. Im Okt. bedeckt das begehrte Gewächs zartrosa schimmernd die unendlich scheinenden Felder, die in westlicher Richtung an die *Montes de Toledo* grenzen. Am letzten So im Okt. wird *La Monda del Azafrán* gefeiert, das Safranfest. *Auskunft: Oficina de Turismo, Cerro Calderico, Molino Bolero, Tel. 925 47 57 31, Mo–Fr 9–14 und 15.30–18 Uhr.*

② THERMALQUELLEN IM WÜSTEN MURCIA

Fortuna, Archena, Mula, Alhama de Murcia; rund 120 km, 1–3 Tage

Wer nie im Sommer durch das Becken von Fortuna und weiter entlang dem Río Mula gefahren ist, kennt Murcia nicht. So genau lernt man die Region vielleicht auch lieber nicht kennen und durchfährt diese wüstenähnliche Landschaft besser im Frühjahr. Genießer nehmen sich drei Tage Zeit und verbringen sie in einladenden Thermalbadeorten.

Die kleine Variante der Fahrt (38 km) beginnt in *Fortuna* (6400 Ew.), das Sie von der Autopista A 7 zwischen Orihuela und Murcia von der Ausfahrt 83 aus ansteuern. Anfänglich verbirgt sich auf der Regionalstraße 3223 der Reiz dieses trockenen Landes noch hinter tristen Kiefernpflanzungen. Doch schon bald mäandert die Straße durch das charakteristische weiße Kalksteinbecken, in das Gewittergüsse im Lauf der Jahrtausende tiefe Furchen gerissen haben. Am Fuß dieser weiß gerippten Fluchten zeichnen sich erste Palmen ab. Pfriem- und Hanfgras *(albardín, esparto)* sowie spärliches Buschwerk sprenkeln die weißen Ebenen zwischen den Abhängen.

In Fortuna biegen Sie in westlicher Richtung nach *Abanilla* (6230 Ew.) ab und fahren weiter durch die *Tierras Malas* (»Schlechtes Land«), eine extrem karge Landschaft. Vom 1. bis zum 5. Mai feiert das Städtchen seine *Fiestas de Moros y Cristianos.*

Von Abanilla aus folgen Sie der Lokalstraße über *El Partidor* in Richtung Nordwesten nach *Macisvenda.* Die äußerst schmale und kurvenreiche Straße fordert eine sehr vorsichtige Fahrweise. Wenn im Frühjahr der Río Chicamo noch Wasser führt und sich, von Hanfgras und Palmen gesäumt, an kahlen Kalksteinformationen entlangschlängelt, wirkt der herbe Zauber dieser öden Landschaft, die Sie weiter über *Barinas* in westlicher Richtung und dann nach Süden auf der Ctra. 3223 zurück in Richtung Fortuna durchstreifen.

4 km vor Fortuna liegt das Thermalbad *Balneario de Fortuna,* wo 53 Grad heiß die Mineralquellen aus dem *Cerro de Santa María de los Baños* hervortreten, angezeigt bei Atemwegerkrankungen und Rheuma sowie gut gegen simplen Stress. Bereits Römer und Araber schätzten diesen Ort, der im 19. Jh. im Jugendstil neu erschlossen wurde. Komfortables Quartier bieten das Hotel *Balneario (58 Zi.)* und das Hotel *Victoria (56 Zi.),* einfacheres das Hotel *España (54 Zi.), alle €; Reservierung: 30630 Balneario de Fortuna, Tel. 968 68 50 11, Fax 968 68 50 87.*

Die nächste Station ist das in Richtung Westen 18 km entfernte *Archena* (14 000 Ew.) in der grünen, vom Orangenanbau geprägten *vega* des Río Segura. Das *Balneario de Archena* ist die Perle von Murcias Thermalbädern. Im 19. Jh. im Mudéjarstil erneuert und seither auf hohem Niveau gehalten, besticht es durch die Atmosphäre seiner Badegalerien, seiner Gärten und seiner Hotels. Zu diesen zählen das *Termas (71 Zi.; S. 84)* und das *León (103 Zi.), beide €€,* sowie das *Levante (91 Zi.), €; Reservierung: 30600 Balneario de Archena, Ctra. del*

Balneario, Tel. 968 67 01 00, Fax 968 67 10 02.

Weiter geht die Fahrt nach Südosten über *Ceutí*, und kurz vor *Alguazas* (9 km) wählen Sie die landschaftlich schöne Straße entlang dem Río Mula über *Campos del Río* und *Albudeite*, wo das alte Handwerk der Espartoflechterei noch gepflegt wird, in Richtung *Mula* (25 km). Die Straße folgt dem kurvigen Verlauf des Flusses, immer am Fuß karger Kalksteinhänge. *Baños de Mula* markiert den Übergang zu einer fruchtbaren Niederung. Hier werden die Thermalquellen von privaten *paradores* genutzt, die nicht alle auf der Höhe der Zeit sind. Empfehlenswert sind der *Parador Intendente (C/. Juan Martínez Soto, 2, Tel. 968 66 12 09, €€–€)* und der etwas ältere *Parador San Francisco (C/. Juan Martínez Soto, 4, Tel. 968 66 12 34, €)* mit Thermalbecken in den Apartments. Gemeinsame Badeeinrichtungen haben die Apartments des *Parador El Delfín (C/. Baños, 21, Tel. 968 66 12 27, €)*. Hier findet man keinen Luxus, entspannt sich aber in authentischer Atmosphäre.

Das nächste Etappenziel ist *Mula* (13 700 Ew.). Über seiner prächtigen Altstadt hängt das *Castillo de los Vélez* aus dem 16. Jh. auf einem vorspringenden Felsen, eine der besterhaltenen Burgen der Region *(Schlüssel im Rathaus)*. Das *Museo El Cigarralejo (Palacio de los Marqueses de Menahermosa, Di–Sa 10.30–14, So 10.30–13 Uhr)* birgt iberische Kunstschätze. Bei *Pedro Cervantes García (C/. Correos, 3)* findet man Erzeugnisse der Espartoflechterei, *Ar-Tex Muleña* webt an alten Geräten wunderbare Teppiche.

Wer die Reise über *Bullas* ins murcianische Hochland um *Caravaca de la Cruz* *(S. 85)* fortsetzt, fährt das *Aparthotel La Rafa* mit Campingplatz an *(8 Apartments, 350 Plätze, Paraje La Rafa, 1 km hinter Bullas, Tel. 968 65 46 66, €)*, eingerichtet in einer ehemaligen Seidenfabrik (die Seidenherstellung ist in der Region erloschen). In Bullas wird jeden ersten So im Monat *El Zacatín* abgehalten, ein Markt für Handwerkerzeugnisse von *alpargatas* (Hanfschuhe) über Espartoflechterei, Baumwollweberei aus *Coy* und *La Paca* sowie Ton- und Töpferwaren bis hin zu Lebensmitteln aus der Region.

Für die Rückfahrt nach Murcia nehmen Sie in Mula die Ctra. 3315 in Richtung Alhama de Murcia (30 km südöstlich). Unterwegs lohnt sich ein Abstecher in die waldige *Sierra de Espuña* (nach 25 km der Ausschilderung für die *Reserva Nacional* folgen; leider ist der *Albergue Juvenil de Sierra Espuña* auf unbegrenzte Zeit geschlossen worden). Hier sind Schneebrunnen mit vollständig erhaltener Kuppel zu besichtigen, die seit dem 16. Jh. und bis ins 20. Jh. hinein die Region mit Kühleis versorgten.

In *Alhama de Murcia* (15 000 Ew.) sind Sie an den letzten Thermalquellen dieser Route angelangt. Sie sprudeln heute im Stadtpark La Cubana am Fuß der Burg. Hier töpfert *Juan Romero Munuera* phantasievolle Formen in Anlehnung an antike Amphoren *(C/. El Ral, s/n)*. Im nahen *Totana* (21 386 Ew.) findet man handbemalte Azulejos bei *Lario Carillo (N 340, La Costera)* sowie eine Vielzahl weiterer Keramikwerkstätten und -fabriken.

Von Angeln bis Zoll

Hier finden Sie kurz gefasst die wichtigsten Adressen und Informationen für Ihre Costa-Blanca-Reise

ANGELN

Zum Angeln in den Lagunen, Flüssen und Stauseen der Comunitat Valenciana braucht man einen Angelschein. Die *licencia fluvial* kostet 1103 Ptas und ist erhältlich beim Umweltministerium *(Consellería de Medio Ambiente, C/. Gregorio Gea, 27, 46006 Valencia, Tel. 963 86 60 00, Mo–Fr 9.30–14 Uhr)*. Die Adressen der valencianischen Angelclubs hat die *Federación Valenciana de Pesca (Pl. San Nicolás, 2, Valencia, Tel. 963 86 53 72)*. Über Teruel und Castilla-La Mancha informiert der *Club de Pescadores de Valencia (Tel. 963 91 86 10)*, über Murcia die *Federación Murciana de Pesca (C/. Cánovas del Castillo, 29, 4°, 30003 Murcia, Tel. 968 21 81 42)*.

ANREISE

Auto

Von Deutschland, Österreich und der Schweiz her sollte man mindestens eine Übernachtung einplanen. Die Autopista A 7 entlang der Levanteküste ist bis Murcia durchweg gut ausgebaut;

von der französischen Grenze bis Alicante sind 6540 Ptas Maut zu entrichten.

Autoreisezug

Die lange Anfahrt bis zur spanischen Grenze überbrückt der Autoreisezug, der zeitweise mehrmals wöchentlich zwischen neun deutschen Städten und dem französischen Narbonne verkehrt. Die einfache Fahrt ab Frankfurt/Main kostet für das Auto je nach Saison 350–620 Mark; pro Person fallen 155–290 Mark im Liegewagen an.

Bahn

Täglich gibt es aus Deutschland, Österreich und der Schweiz Bahnverbindungen, zunächst nach Barcelona; die Fahrt von München dorthin (über Zürich/Genf) dauert rund 21 Std. Der Hochgeschwindigkeitszug »Euromed« braucht von Barcelona nach Valencia knapp 3, nach Alicante 4½ Std. Fahrpreis: ab 6600 Ptas inklusive Essen und Getränke. Für 6500 Ptas (2. Klasse) fährt man in knapp 7 Std. von Barcelona nach Murcia.

Flugzeug

Charterfluggesellschaften wie Condor, Hapag Lloyd und Aerolloyd fliegen Alicante und Murcia das ganze Jahr über an, LTU von Düsseldorf aus sogar täglich; günstigste Preise für Hin- und Rückflug in der Nebensaison 350–560 Mark. Wer auf *last minute* setzt, kann für 200 Mark von Frankfurt/Main aus direkt in Alicante landen. Bei der Lufthansa kostet der reguläre Flug nach Valencia 1140 Mark, bei frühzeitiger Buchung 625 Mark. Eine preisgünstigere Möglichkeit sind die Flüge von LanChile ab Frankfurt/Main mit Zwischenstopp in Madrid. Von hier aus fliegen Linienmaschinen von Iberia, Air Europa und Air Nostrum für 100–200 Mark Alicante und Valencia an. Tägliche Linienflüge nach Valencia und Alicante von der Schweiz aus bietet Crossair.

AUSKUNFT

Spanisches Fremdenverkehrsamt

– *Kurfürstendamm 180, 10707 Berlin, Tel. 030/882 65 43, Fax 882 66 61*
– *Grafenberger Allee 100, 40237 Düsseldorf, Tel. 0211/680 39 80, Fax 680 39 85*
– *Myliusstraße 14, 60323 Frankfurt am Main, Tel. 069/72 50 33, Fax 72 53 13*
– *Postfach 15 19 40, 80051 München, Tel. 089/538 90 75, Fax 532 86 80*
– *Walfischgasse 8, 1010 Wien, Tel. 01/512 95 80, Fax 512 95 81*
– *Seefeldstrasse 19, 8008 Zürich, Tel. 01/252 79 31, Fax 252 62 04*

Internetadressen

www.costablanca-online.de/sehen/sehen.htm
www.costa-blanca.ch
www.upv.es/cv/aliintro.html (für Alicante)
www.upv.es/cv/valintro.html (für Valencia)
www.civila.com (für Naturparks)
www.misonline.de/benidorm.htm

AUTO

Wie in allen Ferienregionen ist das Auto ein begehrtes Objekt von Dieben. Wertsachen sollten nie sichtbar, besser gar nicht im Auto bleiben. Mitgeführt werden müssen der Führerschein und der Fahrzeugschein. Das Euro-Nummernschild ersetzt das Nationalitätskennzeichen. Mautpflichtige *autopistas* kosten 11 Ptas je km. Höchstgeschwindigkeit auf Autobahnen *(autopista)* 120 km/h, auf *autovías* 100 km/h, auf Landstraßen 90 km/h, innerorts 50 km/h. Die Promillegrenze liegt bei 0,5.

BANKEN

Banken sind Mo–Fr 9–14 Uhr geöffnet, in Einkaufszentren, Ferienorten und an Flughäfen öffnen Sparkassen *(cajas de ahorro)* vereinzelt auch an Nachmittagen und an Wochenenden. Geldautomaten *(cajeros automáticos)* gibt es im Überfluss. Der Höchstauszahlungsbetrag mit EC-Karte ist 30 000 Ptas. Eurocheques werden von Banken und manchen Hotels eingelöst.

CAMPING

Offiziell sind Spaniens Campingplätze in vier Kategorien von L wie »Luxus» über 1 bis 3 (untere Kategorie) eingeteilt. Wildes Campen ist generell nicht erlaubt und auch gefährlich, wenn man dazu »einladende« Betten trockener Flüsse auswählt. Gewittergüsse an der Levanteküste sind nicht zu unterschätzen. Die *Federación Española de Campings (C/. General Oráa, 52, 28006 Madrid, Tel. 914 48 12 34)* gibt einen Campingführer heraus.

DIPLOMATISCHE VERTRETUNGEN

Deutsche Honorarkonsulate
Pl. Calvo Sotelo, 1, 5°, 03001 Alicante, Tel. 965 21 70 60
Avda. Primado Reig, 70, 46010 Valencia, Tel. 963 61 43 54, Fax 963 60 92 59

Österreichisches Konsulat
C/. Convento de Santa Clara, 10, 2°, 46002 Valencia, Tel. 963 52 22 12

Schweizerisches Konsulat
Gran Vía Marqués del Turia, 38, 6°, Puerta 10, 46005 Valencia, Tel. 963 33 37 22, Fax 962 32 90 02

DROGEN

In den »wilden 80ern« wurde in Spanien viel geduldet. Eine hohe Anzahl von Drogensüchtigen im Lande ist das Resultat. Doch erlaubt ist weder der Drogenbesitz noch der Handel mit Drogen; auf beides stehen hohe Gefängnisstrafen.

EINREISE

EU-Bürgern genügen Personalausweis oder Reisepass, Kindern ein Kinderausweis oder der Eintrag im Reisepass der Eltern. Grenzkontrollen für EU-Bürger bestehen nicht mehr.

FERIENHÄUSER (CASAS RURALES)

Altretur vermittelt eine Vielzahl von *casas rurales* in der Provinz Castellón und in der Sierra de Gúdar/Teruel *(Pl. Real, 10, 12001 Castellón, Tel. 964 25 60 52, Fax 964 25 56 75)*. Dieselbe Gegend deckt das *Centro para el Desarrollo del Maestrazgo* ab *(Pl. Mayor, 1, 44556 Molinos/Teruel, Tel. 978 84 94 31, Fax 978 84 93 03)*, ebenso die *Macrocomunidad Turística del Maestrazgo (Complejo Peneyta Roja, 12004 Castellón, Tel. 964 35 98 83, Fax 964 35 98 70)*.

Für den Rest der Comunitat Valenciana ist zuständig *Agrotur (Pl. Ayuntamiento, 29, 3°, izq., 46002 Valencia, Tel. 963 94 23 02)*. Die *Central de Reservas Región de Murcia Turística* deckt den Nordosten der Region ab *(C/. Organistas, 1, 30004 Murcia, Tel. 968 21 91 11, Fax 968 21 91 78)*.

FKK

Oben ohne zu baden und sich zu sonnen ist an vielen Stränden der Costa Blanca üblich und wird an allen zumindest geduldet. Die Freiheit, ganz hüllenlos zu baden, nehmen sich viele Spanier und Urlauber an abgelegenen Stränden. Ausgewiesene Nudistenstrände gibt es bei Valencia *(Playa de Pinedo,* in Richtung El Saler), Cullera (beim Leuchtturm), Alicante *(Playa del Saladar* und beim *Cabo de Huertas),* beim Cabo de Santa Pola *(Playa de Carabasí),* beim Cabo de la Nao *(Playa de Ambolo)* und bei Dénia *(Playa de las Rotas)*. Ein Nudistenzentrum in der Region Murcia ist der Campingplatz *El Portús* bei Cartagena.

GESUNDHEIT

Private und öffentliche Krankenkassen bieten EU-Bürgern auch in Spanien Versicherungsschutz. Ohne Auslandskrankenschein E-111 muss man jedoch in Vorleistung treten. Notfälle werden in *urgencias* behandelt, der Notaufnahme von Krankenhäusern und Gesundheitszentren *(centros de salud)*. Deutschsprachige Ärzte findet man in den Anzeigenteilen der deutschen Lokalpresse. Apotheken *(farmacias)* sind durch ein grünes Kreuz gekennzeichnet. Notdienstapotheken stehen in der Lokalpresse.

HAUSTIERE

In vielen Hotels und Ferienhäusern ist das Mitbringen etwa von Hunden erlaubt. Es empfiehlt sich jedoch zu fragen, wie die Tiere untergebracht werden; in Einzelfällen werden sie in Käfige »abgeschoben«. Für Katzen und Hunde muss ein Gesundheitszeugnis vom Amtstierarzt sowie ein internationaler Impfpass mitgeführt werden. Beim spanischen Konsulat erhält man die entsprechenden Dokumente in der Landessprache. Die Tollwutimpfung muss bei der Einreise mindestens 30 Tage zurückliegen, darf aber höchstens ein Jahr alt sein. Zahlreiche Strände sind für Hunde gesperrt.

HOTELS

Für Massentourismus berüchtigt, wird die Costa Blanca mit ihrer Hotelkultur sicher viele überraschen. Die Bettenburgen ballen sich vorwiegend in Zentren wie Benidorm und La Manga; ansonsten geht der Trend zu kleineren Komplexen mit persönlichem Service. Im Hinterland sind für Ausflügler wahre Perlen entstanden. Hier sind Preise um oder weit unter 10 000 Ptas je Übernachtung üblich. In Luxushotels liegt die Obergrenze für gewöhnlich bei 30 000 Ptas. In den großen Städten lohnt sich die Frage nach Wochenendtarifen. Eine bezaubernde Auswahl kleiner Hotels in ganz Spanien, auch den hier beschriebenen Regionen, bietet die Reservierungszentrale *Rusticae (Gran Vía, 31, 7° –*

23, 28013 Madrid, Information und Reservierung Tel. 602 10 38 92 (mobil), Tel./Fax 915 23 23 07, www.openclick.com/rusticae).

JUGENDHERBERGEN

Informationen erteilt der Verband *Red Española de Albergues Juveniles (C/. Ortega y Gasset, 71, 28006 Madrid, Tel. 913 47 77 00).*

KREDITKARTEN

Die gängigen Karten werden in fast allen Restaurants, Hotels, Geschäften, Reisebüros und Autovermietungen akzeptiert.

MIETWAGEN

Die internationalen Firmen beherrschen auch den spanischen Markt. Niederlassungen gibt es in allen Ferienzentren, an Flughäfen und Bahnhöfen. Zu einem Minimum von 5000 Ptas je Tag kommen Mehrwertsteuer, Vollkaskoversicherung und manchmal auch Kilometergeld. Es lohnt sich immer, nach besonderen Angeboten für Wochenenden oder ganze Wochen zu fragen. In der Lokalpresse findet man auch kleinere Autovermieter. Vermietet werden überwiegend aktuelle Modelle in gutem Zustand.

NOTRUF

In den Regionen Valencia und Murcia funktioniert bereits die Notrufnummer *112* für Krankenwagen *(ambulancias)*, Polizei *(policía)* und Feuerwehr *(bomberos)*. Ansonsten gelten folgende Rufnummern: Feuerwehr *085*, Polizei *062 (Guardia Civil)* und *091 (Policía Nacional).*

ÖFFENTLICHE VERKEHRSMITTEL

Valencia hat ein ausgezeichnetes Netz von U- und Regionalbahnen. In den übrigen Städten gibt es Busse. Zwischen Benidorm und Gata de Gorgos verkehrt der Ausflugszug *Limón Express (C/. Estación, 2, Benidorm, Tel. 966 80 31 03)*, zwischen Alicante und Dénia der Wanderzug *El Trenet Senderista (Tel. 965 87 81 66).* Außer den Zügen zwischen den großen Städten fahren Linienbusse in jeden Winkel der Küste und des Hinterlandes. Taxis sind gegenüber dem in Mitteleuropa Üblichen preiswert.

ÖFFNUNGSZEITEN

Der Einzelhandel öffnet normalerweise von 9 oder 10 bis 14 Uhr und von 17 bis 20 Uhr, Sa bis 14 Uhr. Jeden ersten So im Monat kann von den Städten die Öffnung der Geschäfte gestattet werden. Einkaufszentren und Kaufhäuser – es gibt nur *El Corte Inglés* – machen keine Mittagspause; ebenso halten es viele Geschäfte in Urlaubsorten.

POST

Die staatliche Postgesellschaft *Correos* hat leider nicht zu Unrecht einen schlechten Ruf. Wer Wert auf Pünktlichkeit seiner Post legt, verschickt wichtige Sendungen deshalb durch einen privaten Kurierdienst (Inland bis 2000 Ptas, Ausland ab 3000 Ptas). Mit Einschreiben *(certificado)* aufgegebene Post kommt am verlässlichsten an. Ein Brief bis 20 g wie auch eine Postkarte kostet 35 Ptas innerhalb Spaniens, 70 Ptas ins europäische Ausland. Eilpost *(urgente)* bis 20 g: innerhalb Spaniens 250 Ptas, ins europäische Ausland 340 Ptas. Briefmarken *(sellos)* verkaufen Postämter und Tabakgeschäfte *(estancos)*.

REISEZEIT

An der Levanteküste ist das ganze Jahr über Reisezeit, wobei das Hinterland im Sommer heiß ist. In hochgelegenen Gebieten kann im Winter kurzfristig Schnee fallen. Besonders in Murcia ist auch im Winter kaum mit Niederschlägen zu rechnen. Hauptsaison sind die *fallas*-Zeit im März, die Karwoche sowie Juli und August.

SPANISCHKURSE

Adressen privater und Universitäts-Sprachschulen der Region hält die *Oficina Dise* bereit *(C/. Menéndez Pelayo, s/n, Aulario III, 46010 Valencia, Tel. 963 86 40 40, Fax 963 60 30 47, www.uv.es/dise)*.

STROM

220 Volt sind normal, desgleichen die in Mitteleuropa üblichen Steckdosen.

TELEFON

Der Telefondienst ist Ende der 90er-Jahre liberalisiert worden. Seitdem werden Telefongespräche nicht mehr ausschließlich von der einstigen Monopolistin Telefónica vermittelt, sondern auch von anderen Anbietern, etwa Retevisión (Vorwahl 050) oder Uni2 (052). Für einen Anruf im Ausland wählt man also beispielsweise 050 oder 052 (ohne Vorwahl vermittelt automatisch Telefónica das Gespräch) 00 (die inzwischen allgemein gültige Auslandsvorwahl) 49 (Deutschland) bzw. 41 (Schweiz) bzw. 43 (Österreich), dann die Ortsvorwahl ohne die Null, schließlich die Rufnummer. Vorwahl für Spanien: 0034, dann die vollständige Rufnummer. Über die mitunter deutlichen Preisunterschiede informieren regelmäßig die »Costa Blanca Nachrichten«. Münz- und Kartentelefone gibt es zur Genüge, Telefonkarten *(tarjetas)* erhält man in Tabakgeschäften. In Bars ist das Telefonieren oft teurer.

TRINKGELD

Der Obolus ist zwar nicht Pflicht, wohl aber üblich. Allerdings verfährt man nicht nach mitteleuropäischer Manier. »Machen Sie…«, sagt man in Spanien nicht. Man wartet das Wechselgeld in Bars und Restaurants grundsätzlich ab, das zumeist auf einem Tellerchen gebracht wird. Hier lässt man liegen, was man für angemessen hält: 10 Prozent gelten als gutes Trinkgeld. Auch *aparca-coches* (sie übernehmen vor gepflegten Etablissements das Einparken), Gepäckträgern, Platzanweisern im Kino, Schuhputzern, dem Zimmerservice und Friseuren gibt man Trinkgeld.

ZEITUNGEN

Internationale Zeitungen erhält man in den Städten und in den Ferienorten meistens am Erscheinungstag. Eine Reihe von Wochenzeitungen in den Landessprachen nichtspanischer Ortsansässiger und Urlauber sind an den meisten Kiosken erhältlich. Außer Lokalnachrichten und Nachrichten aus Spanien erfährt man daraus alles über lokale Veranstaltungen, Feste und Ähnliches. Die »Costa Blanca Nachrichten« sind die reichhaltigste deutschsprachige Zeitung. Daneben bedient die »Costa Blanca Zeitung« das Informationsbedürfnis der im Einzugsgebiet lebenden Leser deutscher Zunge. An nichtspanischen Wochenzeitungen für die Costa Blanca gibt es das niederländische »Hallo«, die englischen »Costa Blanca News« und das französische »Journal La Gaviota«.

ZOLL

Für Bürger von EU-Staaten sind nicht für den Handel bestimmte Waren zollfrei. Bei Zigaretten ist die Obergrenze 800 Stück, bei Wein 90 l. In die Schweiz dürfen maximal 200 Zigaretten oder 100 Zigarillos oder 50 Zigarren oder 250 g Tabak mitgenommen werden; bei Wein beträgt das Maximum 2 l, bei Schnaps 1 l.

WETTER IN ALICANTE

Die monatlichen Durchschnittswerte im Überblick

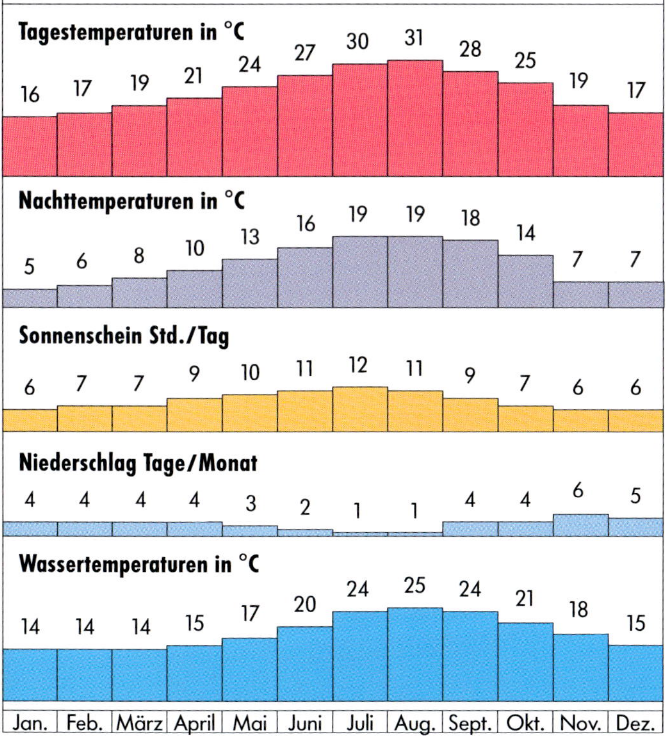

Bloß nicht!

Worauf man achten sollte, um sich nicht zu ärgern oder zu blamieren

Getrennt bezahlen
Getrennt abzurechnen ist im Restaurant genauso unüblich wie am *tapa*-Tresen. Wer dennoch darauf besteht, bringt den Ober in Verlegenheit. Wer sich von seinen Begleitern nicht einladen lassen will oder seine Begleiter nicht einladen möchte, besteht auf einem *fondo:* einer gemeinsamen Kasse, aus der alles zusammen bezahlt wird.

Das Schicksal herausfordern
Wer sich auf der Straße von einer Wahrsagerin aus der Hand lesen lässt, sollte sich nicht hinterher über den Preis wundern, sondern vorher darüber verhandeln, und zwar pro Hand. Wer das nicht tut, dem werden leicht 2000 Ptas pro Hand in Rechnung gestellt. Sieht man das dann nicht ein oder verweigert gar die Zahlung, sollte man nicht abergläubisch sein.

Parkwächter verprellen
Eine Verdienstquelle für viele Arbeitslose ist es, etwa an Stränden Fahrzeuge einzuweisen. *Cinco duros* (25 Ptas) zu geben ist wenig. Für *veinte durillos* (100 Ptas) kann man davon ausgehen, dass der Parkwächter tatsächlich über das Auto wacht. Wer nichts gibt, ist zwar im Recht, riskiert aber Schrammen.

Zigaretten aus dem Auto werfen
Fahrlässiger Umgang mit Feuer wird nach dem spanischen Strafrecht mit satten Geldbußen geahndet. Wer vorsätzlich oder fahrlässig einen Waldbrand auslöst und dabei Menschenleben gefährdet, dem drohen bis zu 20 Jahre Haft.

Rubbeln
Sie treten seriös auf, sind freundlich, sprechen englisch, französisch, deutsch und sogar russisch. Sie reichen einem ganz unverbindlich ein Kärtchen, man rubbelt – und schon ist man glücklicher Gewinner. Man folgt dem jungen Mann oder der freundlichen jungen Frau, um seinen Gewinn in Augenschein zu nehmen, und wird jetzt nicht etwa ausgeraubt, sondern eindringlich von den Vorteilen des *time-sharing* unterrichtet. Unser Rat: Abwinken, weitergehen und vor allem nichts, aber auch gar nichts unterschreiben. Spanien hat die EU-Direktive zum *time-sharing* gerade erst umgesetzt; bislang war hier unter der Bezeichnung *multipropiedad* (Gemeinschaftseigentum) alles erlaubt. Sein Rücktrittsrecht bei versehentlich oder unbedacht eingegangenen Vertragsverpflichtungen muss man jedoch mühsam einklagen.

Sorglos bei der Reifenpanne

Schon an den Mautstationen in Frankreich mehren sich merklich die Reifenpannen bei Reisenden, die auf dem Weg nach Spanien sind. Dieses Phänomen nimmt an den Tankstellen und Mautstationen hinter der spanischen Grenze noch einmal zu. Mit großer Wahrscheinlichkeit stellt man später fest, dass ein Messerstich die Panne bewirkt hat. Wer »Glück« hat, wurde von Helfershelfern eines Abschleppdienstes angepiekst, der nicht selten »einsatzbereit« hinter seinem Opfer herfährt, um ganz reguläre Abschlepptarife zu kassieren.

Doch es kann schlimmer kommen, und deshalb ist Misstrauen geboten, wenn sich jemand zur Hilfe beim Reifenwechsel anbietet. Denn um an den Reservereifen zu gelangen, muss meistens der Kofferraum geöffnet werden. Das nutzen die spezialisierten Trickdiebe, um Gepäckstücke an sich zu bringen. In diesen wahrlich kritischen Momenten gehören Handtaschen und andere Gepäckstücke ins sicher verschlossene Innere des Autos. Dass man sich beim Verladen der Koffer nicht helfen lässt, dafür haben wirklich hilfsbereite Verkehrsteilnehmer Verständnis.

Im Übrigen sollten geparkte Autos erkennbar frei von Wertgegenständen sein. Unter Zeitungen auf dem Boden etwa vermuten Missetäter das Autoradio.

Schlüssel stecken lassen

Nie sollte man etwa beim Tanken den Autoschlüssel stecken lassen. Einige »Teams« haben sich darauf spezialisiert, Autos genau in diesem Augenblick zu entwenden. Wie Betroffene berichtet haben, ist das Auto auch dann nicht sicher, wenn der Beifahrer im Auto bleibt: Der wird zum Aussteigen gezwungen. Das ist besonders gefährlich, wenn Kinder auf dem Rücksitz bleiben.

Falsch parken

Strafzettel zu bezahlen war in Spanien lange unüblich. Heutzutage hingegen kann man ein teures Wunder erleben. Erstens hat die Regierung unlängst die Straßenverkehrsordnung geändert und die Stadtverwaltungen ausdrücklich befugt, falsch geparkte Autos auch dann abzuschleppen, wenn sie nicht den Verkehr behindern. Zwar wird es nicht offiziell bestätigt, Tatsache ist jedoch, dass Fahrzeuge mit ausländischen Kennzeichen bevorzugt auf den Haken genommen werden – wegen der oft besseren Zahlungsmoral ihrer Besitzer.

Messer und Gabel

Es gibt Dinge, die tut man, und Dinge, die man nicht tut, ohne daß es dafür Gründe geben muss. So isst man in Spanien die Banane zum Nachtisch nicht mit Messer und Gabel, sondern aus der Hand. In die köstliche Melone hingegen beißt man nicht herzhaft hinein, sondern greift zu Messer und Gabel. Während in nordeuropäischen Ländern das Essen mit Messer und Gabel ein Zeichen guter Kinderstube ist, benutzt man in Spanien das Messer nur zum Schneiden. *Tortilla* etwa oder Reisgerichte schiebt man nicht mit dem Messer auf die Gabel. Dafür hält die spanische Tischsitte Brot *(pan)* bereit, mit dem auch gut erzogene Spanier hinter ihrem Teller die Tischdecke verkrümeln.

Sprechen und Verstehen ganz einfach

Zur Erleichterung der Aussprache:

c	vor »e, i« stimmloser Lispellaut, stärker als engl. »th«. Bsp.: gracias
ch	stimmloses deutsches »tsch« wie in »tschüss«
g	vor »e, i« wie deutsches »ch« in »Bach«
gue, gui/que, qui	das »u« ist immer stumm, wie deutsches »g«/»k«
j	immer wie deutsches »ch« in »Bach«
ll, y	wie deutsches »j« zwischen Vokalen. Bsp.: Mallorca
ñ	wie »gn« in »Champagner«

AUF EINEN BLICK

Ja./Nein.	Sí./No.
Vielleicht.	Quizás./Tal vez.
In Ordnung./Einverstanden!	¡De acuerdo!/¡Está bien!
Bitte./Danke.	Por favor./Gracias.
Vielen Dank!	Muchas gracias.
Gern geschehen.	No hay de qué./De nada.
Entschuldigung!	¡Perdón!
Wie bitte?	¿Cómo dice/dices?
Ich verstehe Sie/dich nicht.	No le/la/te entiendo.
Ich spreche nur wenig …	Hablo sólo un poco de …
Können Sie mir bitte helfen?	¿Puede usted ayudarme, por favor?
Ich möchte …	Quiero …/Quisiera …/Me gustaría …
Das gefällt mir (nicht).	(No) me gusta.
Haben Sie …?	¿Tiene usted …?
Wie viel kostet es?	¿Cuánto cuesta?
Wie viel Uhr ist es?	¿Qué hora es?

KENNENLERNEN

Guten Morgen!	¡Buenos días!
Guten Tag!	¡Buenos días!/¡Buenas tardes!
Guten Abend!	¡Buenas tardes!/¡Buenas noches!
Hallo! Grüß dich!	¡Hola! ¿Qué tal?
Ich heiße …	Me llamo …
Wie ist Ihr Name, bitte?	¿Cómo se llama usted, por favor?
Wie geht es Ihnen/dir?	¿Qué tal está usted?/¿Qué tal?
Danke. Und Ihnen/dir?	Bien, gracias. ¿Y usted/tú?
Auf Wiedersehen!	¡Hasta la vista!/¡Adiós!
Tschüss!	¡Adiós!/¡Hasta luego!
Bis bald!	¡Hasta pronto!
Bis morgen!	¡Hasta mañana!

UNTERWEGS

links/rechts	a la izquierda/a la derecha
geradeaus	todo seguido/derecho
nah/weit	cerca/lejos
Ich möchte … mieten.	Quisiera alquilar …
… ein Auto	… un coche.
… ein Boot	… una barca/un bote/un barco.
Bitte, wo ist …?	Perdón, ¿dónde está …
… der Bahnhof	… la estación (de trenes)?
… der Busbahnhof	… la estación de autobuses /la terminal?
… der Flughafen	… el aeropuerto?
… der Hafen	… el puerto?
Zum … Hotel.	Al hotel …
Ich möchte … Liter …	Quisiera … litros de …
… Normalbenzin.	… gasolina normal.
… Super./… Diesel.	… súper./… diesel.
Voll tanken, bitte.	Lleno, por favor.

ESSEN/UNTERHALTUNG

Reservieren Sie uns bitte für heute Abend einen Tisch für vier Personen.	¿Puede reservarnos para esta noche una mesa para cuatro personas?
Auf Ihr Wohl!	¡Salud!
Bezahlen, bitte.	¡La cuenta, por favor!

EINKAUFEN

Wo finde ich …?	Por favor, ¿dónde hay …?
eine Apotheke	una farmacia
eine Bäckerei	una panadería
ein Einkaufszentrum	un centro comercial
ein Fischgeschäft	una pescadería
ein Fotogeschäft	una tienda de artículos fotográficos
ein Lebensmittelgeschäft	una tienda de comestibles
einen Markt	un mercado

ÜBERNACHTUNG

Ich habe ein Zimmer reserviert.	He reservado una habitación.
Haben Sie noch …	¿Tienen ustedes …
… ein Einzelzimmer?	… una habitación individual?
… ein Zweibettzimmer?	… una habitación doble?
… mit Dusche/Bad?	… con ducha/baño?
… für eine Nacht?	… para una noche?
… für eine Woche?	… para una semana?
… mit Blick aufs Meer?	… con vista(s) al mar?

Arzt

Können Sie mir einen guten Arzt empfehlen?	¿Puede usted indicarme un buen médico?
Ich habe mich verletzt.	Me he hecho una herida.
Ich habe …	Tengo …
… Durchfall.	… diarrea.
… Fieber.	… fiebre.
… Kopfschmerzen.	… dolor de cabeza.
… Zahnschmerzen.	… dolor de muelas.

Bank

Wo ist hier bitte …	Por favor, ¿dónde hay por aquí …
… eine Bank?	… un banco?
… eine Wechselstube?	… una oficina/casa de cambio?
Ich möchte … Mark (Schilling, Schweizer Franken) in Peseten wechseln.	Quisiera cambiar … marcos alemanes (chelines, francos suizos) en pesetas.

Post

Was kostet …	¿Cuánto cuesta …
… ein Brief …	… una carta …
… eine Postkarte …	… una postal …
… nach Deutschland?	… para Alemania?
Eine Briefmarke, bitte.	Un sello, por favor.

Zahlen

0	cero	19	diecinueve
1	un, uno, una	20	veinte
2	dos	21	veintiuno, -a, veintiún
3	tres	22	veintidós
4	cuatro	30	treinta
5	cinco	40	cuarenta
6	seis	50	cincuenta
7	siete	60	sesenta
8	ocho	70	setenta
9	nueve	80	ochenta
10	diez	90	noventa
11	once	100	cien, ciento
12	doce	200	doscientos, -as
13	trece	1000	mil
14	catorce	2000	dos mil
15	quince	10000	diez mil
16	dieciséis		
17	diecisiete	1/2	medio
18	dieciocho	1/4	un cuarto

Menú
Speisekarte

DESAYUNO	FRÜHSTÜCK
café solo	Espresso
café con leche	Milchkaffee
cortado	Espresso mit einem Schuss Milch
café descafeinado	koffeinfreier Kaffee
té con leche/limón	Tee mit Milch/Zitrone
infusión (de hierbas)/tisana	Kräutertee
chocolate	Schokolade
zumo de fruta	Fruchtsaft
huevo pasado por agua	weiches Ei
huevos revueltos	Rührei
pan/panecillo/tostada	Brot/Brötchen/Toast
croissant	Hörnchen
churros	fettgebackene Hefekringel
mantequilla	Butter
queso	Käse
embutido/fiambres	Aufschnitt
jamón	Schinken
miel	Honig
mermelada	Marmelade

ENTREMESES/SOPAS	VORSPEISEN/SUPPEN
aceitunas	Oliven
alcachofas	Artischocken
almejas	Venusmuscheln
boquerones	Sardellen
caracoles	Schnecken
chorizo	Paprikawurst
ensaladilla rusa	russische Eier
gambas al ajillo	Garnelen in Knoblauchsoße
jamón serrano	roher Schinken
mejillones	Miesmuscheln
salchichón	spanische Salami
salpicón de marisco	Meeresfrüchtesalat
sopa de ajo	Knoblauchsuppe
sopa de pescado	Fischsuppe
sopa de verduras (sopa juliana, sopa jardinera)	Gemüsesuppe
tortilla (a la) española	Omelett mit Kartoffeln (und Zwiebeln)
tortilla (a la) francesa	einfaches Omelett

PESCADOS Y MARISCOS	FISCH UND MEERESFRÜCHTE
anguila	Aal
atún	Thunfisch
bacalao	Kabeljau, Stockfisch
besugo	Seebrasse
bogavante	(europ.) Hummer
calamares a la romana	panierte Tintenfischringe
calamares en su tinta	Tintenfisch in eigener Soße
dorada	Goldbarsch
gambas	Garnelen
langostinos	Riesengarnelen
lenguado	Seezunge
lubina	See-, Wolfsbarsch
merluza	Seehecht
parrillada de pescado	Fisch-Grillplatte
perca	Barsch
pez espada	Schwertfisch
pulpo	Krake
rape	Seeteufel
rodaballo	Steinbutt
salmón	Lachs
trucha	Forelle

CARNE Y AVES	FLEISCH UND GEFLÜGEL
albóndiga	Fleischklößchen
asado	Braten
buey	Ochse
cabrito	Zicklein
callos	Kutteln
cerdo	Schwein
chuleta	Kotelett
cocido	Eintopf
cochinillo	Spanferkel
conejo	Kaninchen
cordero	Hammel, Lamm
escalope	Schnitzel
guisado	Gulasch, Ragout
hamburguesa	Frikadelle
hígado	Leber
lomo	Lende
parrillada de carne	Fleisch-Grillplatte
pato	Ente
pollo	Hähnchen
riñones	Nieren
solomillo	Filet, Lendenstück
ternera	Kalb
vaca (carne vacuno)	Rind (Rindfleisch)

ENSALADA Y VERDURAS	SALAT UND GEMÜSE
aguacate	Avocado
alcachofa	Artischocke
berenjenas	Auberginen
calabacín	Zucchini
cebollas	Zwiebeln
col de Bruselas	Rosenkohl
coliflor	Blumenkohl
escarola	Endivie(nsalat)
espárragos	Spargel
garbanzos	Kichererbsen
guisantes	Erbsen
hongos/setas	Pilze
judías	grüne Bohnen
lechuga	Kopfsalat
lentejas	Linsen
patatas	Kartoffeln
patatas fritas	Pommes frites
pepino	Gurke
pimiento	Paprikaschote
tomate	Tomate
zanahorias	Karotten

POSTRES, QUESO Y FRUTA	NACHSPEISEN, KÄSE UND OBST
albaricoques	Aprikosen
arroz con leche	Milchreis
cerezas	Kirschen
ciruelas	Pflaumen
flan	Karamellpudding
fresas	Erdbeeren
higos	Feigen
macedonia de frutas	Obstsalat
manzana	Apfel
melocotón	Pfirsich
melón	Melone
naranja	Apfelsine
natillas	Cremespeise
pera	Birne
piña	Ananas
plátano	Banane
pomelo	Pampelmuse
queso	Käse
queso de cabra	Ziegenkäse
queso de oveja	Schafskäse
sandía	Wassermelone
tarta	Torte
uvas	Weintrauben

HELADOS/DULCES	EIS/GEBÄCK
bombón	Praline
café helado	Eiskaffee
chocolate	Schokolade
churros	fettgebackene Hefekringel
copa de helado	Eisbecher
dulces	Süßigkeiten
galletas	Kekse
helado variado	gemischtes Eis
nata	Sahne
tarta de frutas	Obstkuchen

Bebidas

Getränkekarte

BEBIDAS ALCOHÓLICAS	ALKOHOLISCHE GETRÄNKE
aguardiente	Schnaps
botella	Flasche
caña	kleines Glas Bier
cava	im Champagnerverfahren erzeugter Sekt
cerveza	Bier
copa	Glas, Gläschen
jarra	Karaffe, Krug
Jerez amontillado	trockener, leicht nussiger Sherry
Jerez fino	trockener Sherry
Jerez oloroso	dunkler, kräftiger Sherry
litro	Liter
(semi-)seco	(halb-)trocken
vaso	Glas
vino blanco	Weißwein
(vino de) Jerez	Sherry
(vino) rosado	Rosé
(vino) tinto	Rotwein

BEBIDAS NO ALCOHÓLICAS	ALKOHOLFREIE GETRÄNKE
agua mineral	Mineralwasser
batido	Milchmixgetränk
gaseosa	Sprudel mit Geschmack
horchata	(Erd-)Mandelmilch
leche	Milch
zumo de naranja	Orangensaft
zumo de tomate	Tomatensaft

Reiseatlas Costa Blanca

Die Seiteneinteilung für den Reiseatlas finden Sie auf dem hinteren Umschlag dieses Reiseführers

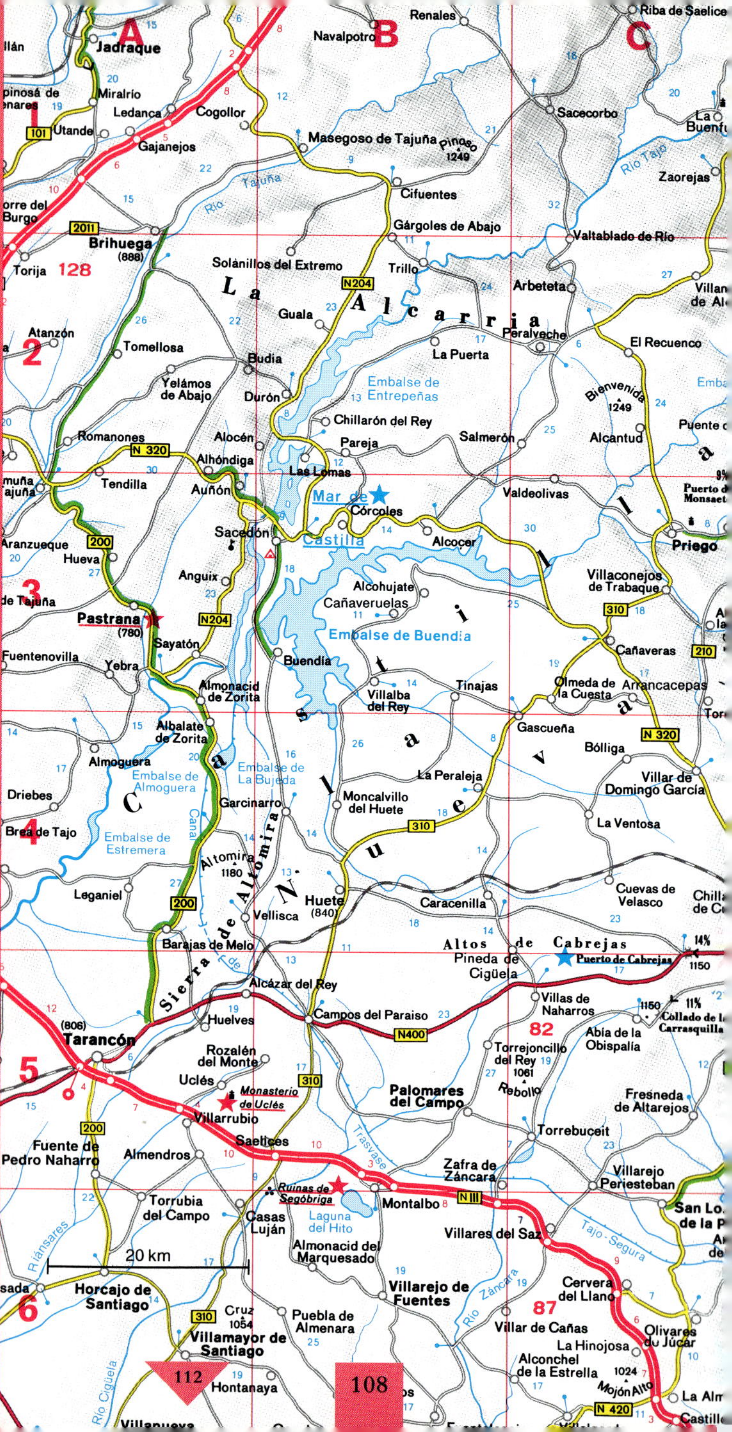

A
B
C
Jadraque
Renales
Riba de Saelices
Navalpotro
Miralrío
Ledanca
Cogollor
Utande
101
Gajanejos
Masegoso de Tajuña
Pinoso 1249
Sacecorbo
La Buenafu
Río Tajo
Zaorejas
Río Tajuña
Cifuentes
Torre del Burgo
2011
Brihuega (888)
Gárgoles de Abajo
Valtablado del Río
Torija
128
Solanillos del Extremo
Trillo
N204
Arbeteta
Villanueva de Al
La Alcarria
Guala
Atanzón
Tomellosa
Peralveche
La Puerta
El Recuenco
Budia
Yelámos de Abajo
Durón
Embalse de Entrepeñas
Bienvenida 1249
Chillarón del Rey
Alcantud
Puente
Romanones
Alocén
Salmerón
Pareja
N 320
Alhóndiga
Las Lomas
Tendilla
Auñón
Valdeolivas
Puerto de Monsaet
Mar de Castilla
Córcoles
Sacedón
Alcocer
Priego
Aranzueque
Hueva
200
Anguix
Alcohujate
Villaconejos de Trabaque
Cañaveruelas
310
Pastrana (780)
N204
Embalse de Buendía
Sayatón
Buendía
Cañaveras
210
Fuentenovilla
Yebra
Almonacid de Zorita
Villalba del Rey
Tinajas
Olmeda de la Cuesta
Arrancacepas
Gascueña
N 320
Albalate de Zorita
Serranía de Cuenca
Almoguera
Embalse de Almoguera
Embalse de La Bujeda
La Peraleja
Bólliga
Villar de Domingo García
Driebes
Garcinarro
Moncalvillo del Huete
La Ventosa
Brea de Tajo
Embalse de Estremera
Canal
Altomira 1180
Sierra de Altomira
Huete (840)
Caracenilla
Cuevas de Velasco
Leganiel
Vellisca
Barajas de Melo
Altos de Cabrejas
Pineda de Cigüela
Puerto de Cabrejas
14% 1150
Alcázar del Rey
Villas de Naharros
Campos del Paraiso
N400
1150 11%
Collado de la Carrasquilla
(806)
Huelves
Tarancón
82
Abía de la Obispalía
Rozalén del Monte
Torrejoncillo del Rey
1061 Rebollo
Uclés
Monasterio de Uclés
Palomares del Campo
Fresneda de Altarejos
Villarrubio
Trasvase
Torrebuceit
Fuente de Pedro Naharro
Almendros
Saelices
Zafra de Záncara
Villarejo Periesteban
Ruinas de Segóbriga
Montalbo
N III
San Lo de la P
Torrubia del Campo
Casas Luján
Laguna del Hito
Villares del Saz
Tajo - Segura
Riánsares
20 km
Almonacid del Marquesado
Cervera del Llano
Horcajo de Santiago
Villarejo de Fuentes
Río Záncara
87
Cruz 1054
Puebla de Almenara
Villar de Cañas
Olivares de Júcar
Villamayor de Santiago
La Hinojosa
Alconchel de la Estrella
1024 Mojón Alto
Río Cigüela
Hontanaya
La Alm
N 420
Castill

112

D
E
F
1
2
3
4
5
6
Molina (1058)
Corduente
Torete
Tordelpalo
Aguila 1443
Hombrados
Monreal del Campo
Caminreal
El Pedregal
El Pobo de Dueñas
Rio Gallo
Setiles
Ojos Negros
Anquela del Pedregal
Villafranca del Campo
Tordesillos
Villar del Salz
Terzaga
Piqueras
Peracense
Poveda de la Sierra
Alcoroches
Alustante
Santa Eulalia
Checa
Orihuela del Tremedal
Peralejo de las Truchas
Puerto de Pozondón 7%
Pozondrón
1500
Juez 1543
Beteta
Orea
Sierra de Albarracín
Bronchales
Monterde de Albarracín
Embalse de la Tosca
Santa María del Val
Puerto Orihuela 6% 1650
Sierra Alta 1856
1700
Cella
Balneario Solán de Cabras
Noguera 1394
Puerto de Noguera 6%
Albarracín (1182)
Gea de Albarracín
Cuevas de Albarracín
Serranía de Cuenca
Poyatos
Rio Tajo
Montes Universales
Royuela
Guadalaviar
San Felipe 1839
Tragacete
Frías de Albarracín
Puerto de Dornarque 1220 7%
Puerto de Valdecuenca 1400 6%
Arcos de la Sierra
Terriente
Valdecuenca
Puerto de Toril 1540
Puerto Terriente 1500 5%
Las Majadas
Toril
Javalón 1692
Huélamo
Valdemeca
Villalba de la Sierra
La Toba
Uña
Ciudad Encantada
Embalse de La Toba
Rio Júcar
El Cañigral
Albbras
1838 Collado Bajo
Laguna del Marquesado
Valdecabras
Huerta del Marquesado
148
Valdemoro-Sierra
Salinas del Manzano
Salvacañete
Buenache de la Sierra
CUENCA (1001)
Palomera
Cañete
Las Torcas
El Ventorro
Algarra
Boniches
Campillos-Paravientos
Mohorte
Cañada del Hoyo
Rio Guadazaón
Cuerda 1402
Talayuelo 1233
Fuentes
1150
Puerto de Rocho 11%
Fuentelespino de Moya
Landete
Sierra de las Cuerdas
Villares del Saz de Arcas
Reillo
Carboneras de Guadazaón
San Martín de Boniches
Puerto de Tordiga 1200 11%
Villar del Humo
Henarejos
Rio Cabriel
69
Arguisuelas
Termas Romanas
Olmeda del Rey
Valeria de Arriba
Monteagudo de las Salinas
Yémeda
Cardenete
Villora
Mira
Las Valeras
Chumillas
Almodóvar del Pinar
Paracuellos
Rio los Ojos de Moya
Valverde de Júcar
Piqueras del Castillo
Enguídanos
Embalse de Contreras
Buenache de Alarcón
109
113
365
Fuenterrobles
N 211
N 234
N 420
N 320
210
202
215

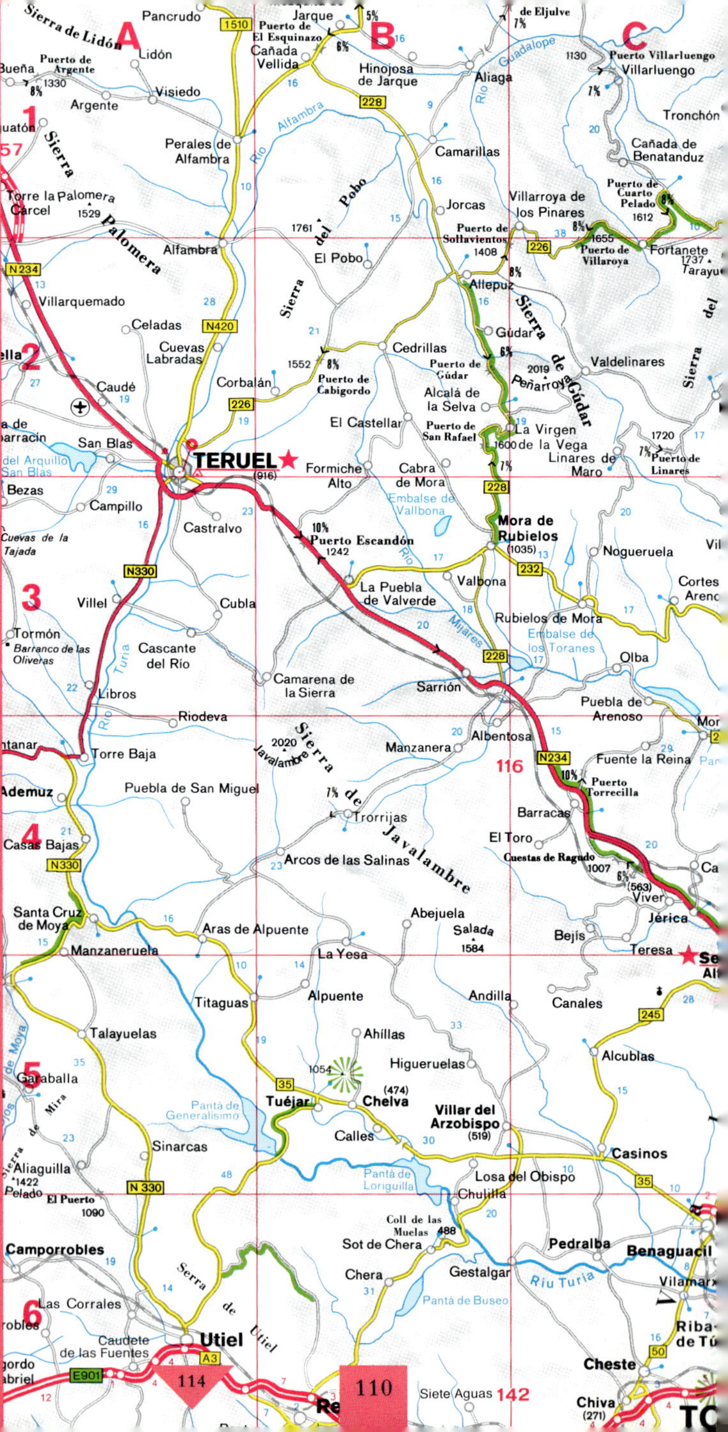

A
B
C
1
2
3
4
5
6
Sierra de Lidón
Pancrudo
Jarque
Puerto de El Esquinazo
Cañada Vellida
Hinojosa de Jarque
de Eljulve
Aliaga
Puerto Villarluengo
Villarluengo
Tronchón
Cañada de Benatanduz
Puerto de Cuarto Pelado
1612
Lidón
Puerto de Argente
1330
Argente
Visiedo
Perales de Alfambra
Río Alfambra
Río Guadalope
Camarillas
Jorcas
Villarroya de los Pinares
Puerto de Sollavientos
1408
1655
Puerto de Villaroya
Fortanete
1737
Tarayue
Sierra Palomera
Torre la Palomera
Cárcel
1529
Sierra del Pobo
1761
El Pobo
Alfambra
Allepuz
Sierra de Gúdar
Gúdar
Valdelinares
Peñarroya
2019
Villarquemado
Celadas
Cuevas Labradas
Cedrillas
Puerto de Gúdar
Puerto de Cabigordo
1552
Caudé
Corbalán
Alcalá de la Selva
San Blas
Embalse del Arquillo San Blas
TERUEL
(916)
El Castellar
Puerto de San Rafael
La Virgen de la Vega
1600
Linares de Maro
Puerto de Linares
1720
Formiche Alto
Cabra de Mora
Embalse de Vallbona
Bezas
Campillo
Castralvo
Cuevas de la Tajada
Puerto Escandón
1242
Mora de Rubielos
(1035)
Nogueruela
Cortes de Arenoso
La Puebla de Valverde
Valbona
Rubielos de Mora
Embalse de los Toranes
Villel
Cubla
Tormón
Barranco de las Olivera
Cascante del Río
Río Mijares
Río Turia
Olba
Camarena de la Sierra
Sarrión
Libros
Puebla de Arenoso
Riodeva
Albentosa
Sierra de Javalambre
Javalambre
2020
Manzanera
Torre Baja
Ademuz
Puebla de San Miguel
116
Fuente la Reina
Puerto Torrecilla
Barracas
Torrijas
El Toro
Casas Bajas
Arcos de las Salinas
Cuestas de Ragudo
1007
(563)
Viver
Jérica
Santa Cruz de Moya
Abejuela
Salada
1584
Bejís
Teresa
Manzaneruela
Aras de Alpuente
La Yesa
Titaguas
Alpuente
Andilla
Canales
Talayuelas
Ahíllas
Alcublas
Garaballa
Higueruelas
Sierra de Mira
1054
Pantà de Generalísimo
Tuéjar
Chelva
(474)
Villar del Arzobispo
(519)
Calles
Sinarcas
Casinos
Aliaguilla
1422
Pelado
El Puerto
1090
Pantà de Loriguilla
Losa del Obispo
Chulilla
Coll de las Muelas
488
Sot de Chera
Pedralba
Benaguacil
Camporrobles
Chera
Gestalgar
Riu Turia
Vilamarxant
Pantà de Buseo
Serra de Utiel
Las Corrales
Caudete de las Fuentes
Utiel
Riba-roja de Túria
Cheste
Siete Aguas
Chiva
(271)
114
110
142
N234
N420
N330
N 330
226
228
232
245
1510
35
50
A3
E901

Bordón
Castell de Cabres
la Pobla de Benifassà
la Sénia
Ulldecona
D
E
F
Forcall
Morella la Vella
Morella
(1070)
Vallibona
Rosell
Sant Rafel del Maestrat
la Todolella
Bergantes
Riu Cerbol
Vinaròs/Ulldecona
Alcanar
Canet lo Roig
Cinctorres
Traiguera
784
Puerto de Querol
5%
Xert
la Jana
N 232
Portell de Morella
Sant Jordi del Maestrat
1320
7%
Castellfort
Sant Mateu del Maestrat
Cati
Cervera del Maestrat
Càlig
Vinaròs
(6)
La Iglesuela del Cid
Ares del Maestrat
Tírig
Benicarló
(11)
Peníscola/Benicarló
la Salzedella
Barranco de Gasulla
Cova dels Civils
N 340
Vilafranca del Maestrat
Santa Magdalena de Polpis
Peníscola
(539)
Albocàsser
Benassal
Vilar de Canes
Sant Pau
Maestrat
Alcalà de Xivert
572
la Serratella
Culla
la Torre del Domenges
les Coves de Vinromà
Fontes
Alcossebre
Vistabella del Maestrat
la Torre d'En Besora
Torreblanca/Alcossebre
E15
Puerto Vidre
1246
7%
Vilanova d'Alcolea
Torreblanca
Xodos
Bell-lloc del Pla
Torrenostra
1813
Atzeneta del Maestrat
la Pelechaneta
la Vall d'Alba
A 7
115
Cabanes de l'Arc
Arco de Cabanes
Coll de Cabanes
305
la Barona
les Useres
Desierto Las Palmas
Puerto El Romalcador
1018
Llucena
(568)
Vilafamés
Orpesa/Benicàssim
Orpesa
Castillo de Villamalefa
Embalse de Alcora
Pantà d'Alcora
la Foya
la Pobla Tornesa
Sant Joan de Moró
Castelló Nord
Les Villes de Benicàssim
Benicàssim
l'Acora
Panta de Maria Christina
Pantà de Vallat
Borriol
Ribesalbes
Toga
Tanzara
Pantà de Sichar
Castelló Sud
CASTELLÓ DE LA PLANA
(27)
el Grau de Castelló
N225
VILA-REAL
Tales
Onda
Almassora
Alcudia de Veo
Pantà de Onada
Bechí
BORRIANA
Ahín
Artana
Borriana
1041
Espadán
Eslida
Nules
el Grau
el Port
la VALL D'UIXÓ
Vilavella
Cio el Grau
Castellnovo
5%
Moncofa
la Vall d'Uixó
400 Collado de Marianet
Azuébar
Gruta de San Jose
N 340
N225
Algar
Las Casas
Almenara
Faura
Torres Torres
Almarda
Serra
Canet de Berenguer
Gilet
SAGUNT
el Port
Naquera
Puçol
Puçol
Rafelbunyol
el Puig de S. Maria
Bétera
E15
la Pobla de Farnals
A7
Massamagrell
Foios
Alboraia
EL GRAU
Manises
VALÈNCIA
Quart de Poblet
Alaquàs
(133)
Costa dels Tarongers
Golf de València
Palma de Mallorca 6–9 h, Salerno 40 h, Maó (Menorca) 16 h
20 km
1
2
3
4
5
6

115

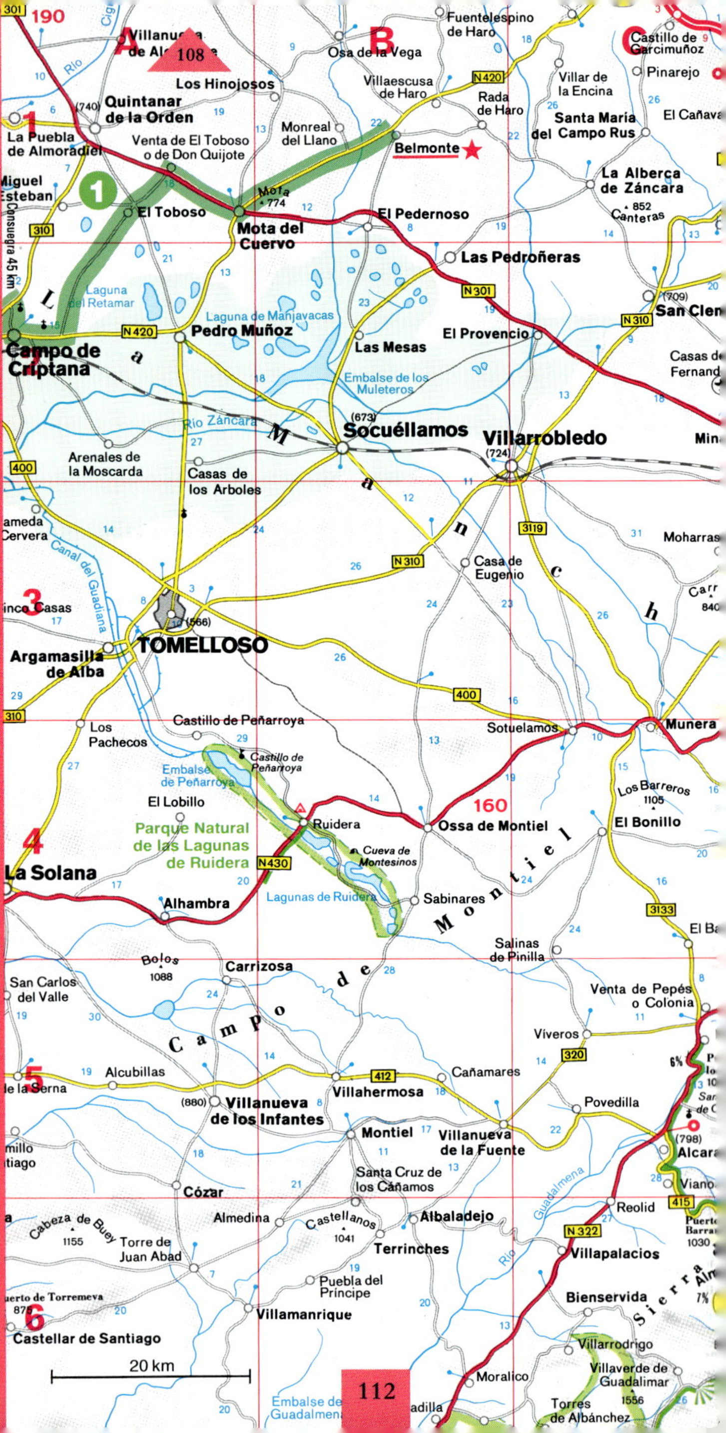
108
112
190
160
A
B
C
1
2
3
4
5
6
Villanueva de Alcardete
Fuentelespino de Haro
Osa de la Vega
Castillo de Garcimuñoz
Los Hinojosos
Villaescusa de Haro
Villar de la Encina
Pinarejo
Quintanar de la Orden
Monreal del Llano
Rada de Haro
Santa María del Campo Rus
El Cañava
La Puebla de Almoradiel
Venta de El Toboso o de Don Quijote
Belmonte
La Alberca de Záncara
Canteras
852
Miguel Esteban
El Toboso
Mota
774
Mota del Cuervo
El Pedernoso
Las Pedroñeras
Consuegra 45 km
Laguna del Retamar
Laguna de Manjavacas
(709)
San Clem
Campo de Criptana
Pedro Muñoz
Las Mesas
El Provencio
Casas de Fernand
Embalse de los Muleteros
Río Záncara
(673)
Socuéllamos
Villarrobledo
(724)
Min
Arenales de la Moscarda
Casas de los Arboles
La Mancha
Alameda Cervera
Canal del Guadiana
Moharras
Casa de Eugenio
Carr
840
Cinco Casas
(666)
TOMELLOSO
Argamasilla de Alba
Castillo de Peñarroya
Sotuelamos
Munera
Los Pacheços
Embalse de Peñarroya
Los Barreros
1105
El Lobillo
Ruidera
Ossa de Montiel
El Bonillo
Parque Natural de las Lagunas de Ruidera
Cueva de Montesinos
La Solana
Alhambra
Lagunas de Ruidera
Sabinares
El Ba
Salinas de Pinilla
Bolos
1088
Carrizosa
Campo de Montiel
San Carlos del Valle
Venta de Pepés o Colonia
Víveros
Alcubillas
Cañamares
6%
de la Serna
Villahermosa
Povedilla
(880)
Villanueva de los Infantes
Montiel
Villanueva de la Fuente
(798)
Alcara
Santa Cruz de los Cáñamos
Viano
Cózar
Reolid
Almedina
Castellanos
1041
Albaladejo
Río Guadalmena
Cabeza de Buey
1155
Torre de Juan Abad
Terrinches
Villapalacios
Puerto Barra
1030
Puebla del Príncipe
Bienservida
Puerto de Torremeva
875
Villamanrique
Sierra de Alcaraz
7%
Castellar de Santiago
Villarrodrigo
20 km
Villaverde de Guadalimar
1556
Moralico
Embalse de Guadalmena
Torres de Albánchez
N 420
N 301
N 310
N 430
N 322
301
310
400
412
320
415
3119
3133

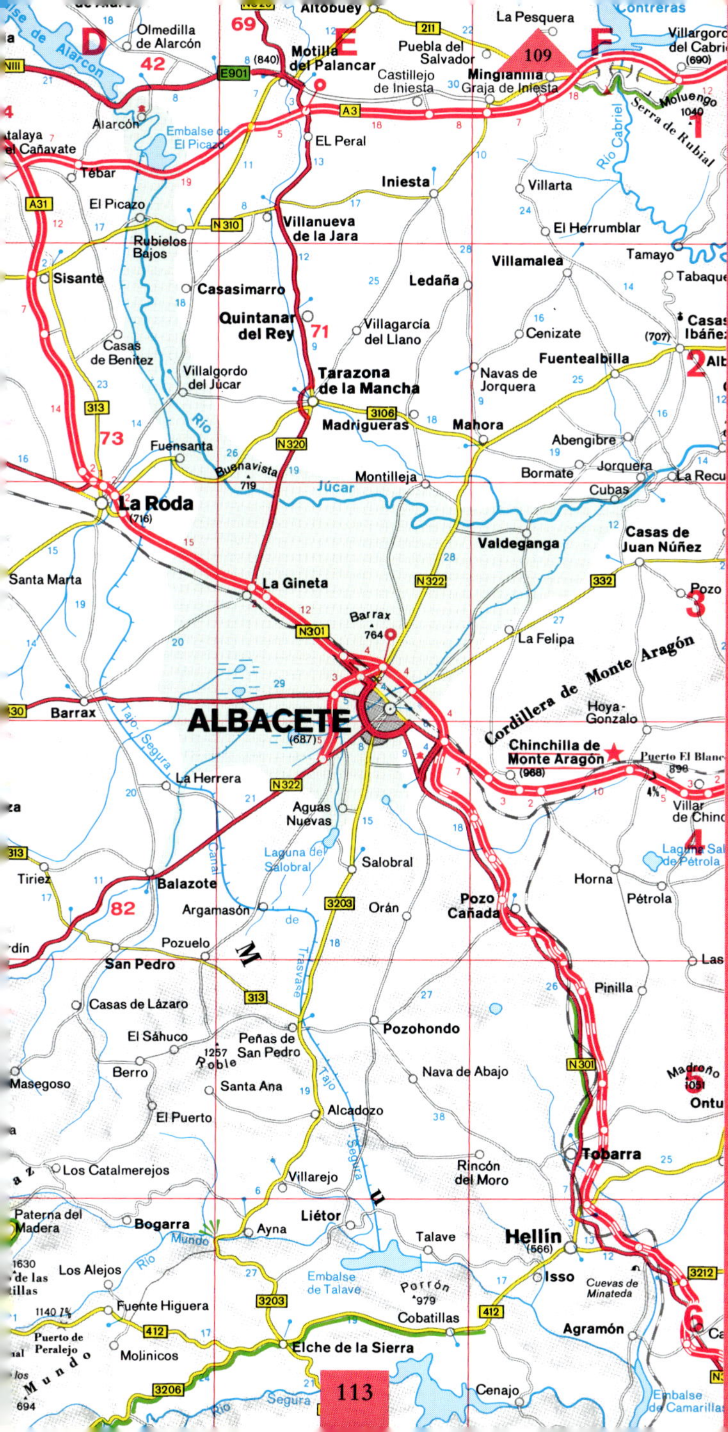

Olmedilla de Alarcón
Embalse de Alarcón
Motilla del Palancar
Altobuey
Puebla del Salvador
La Pesquera
Contreras
Villargordo del Cabriel
109
Castillejo de Iniesta
Minglanilla
Graja de Iniesta
Alarcón
Embalse de El Picazo
EL Peral
Moluengo
Serra de Rubial
Río Cabriel
Tébar
El Picazo
Iniesta
Villarta
El Herrumblar
Villanueva de la Jara
Rubielos Bajos
Sisante
Casasimarro
Ledaña
Villamalea
Tamayo
Quintanar del Rey
Villagarcía del Llano
Cenizate
Casas de Benítez
Villalgordo del Júcar
Tarazona de la Mancha
Navas de Jorquera
Fuentealbilla
Madrigueras
Mahora
Abengibre
Fuensanta
Buenavista
Río
Jorquera
Bormate
Montilleja
Júcar
Cubas
La Roda
Valdeganga
Casas de Juan Núñez
Santa Marta
La Gineta
Pozo
Barrax
La Felipa
Cordillera de Monte Aragón
ALBACETE
Hoya-Gonzalo
Chinchilla de Monte Aragón
Puerto El Blanco
Villar de Chinchilla
La Herrera
Aguas Nuevas
Laguna del Salobral
Salobral
Laguna Salada de Pétrola
Horna
Pétrola
Tiriez
Balazote
Argamasón
Orán
Pozo Cañada
Canal de Trasvase
Tajo-Segura
San Pedro
Pozuelo
Casas de Lázaro
Pinilla
El Sáhuco
Peñas de San Pedro
Pozohondo
Roble
Berro
Masegoso
Santa Ana
Nava de Abajo
Madroño
Ontur
El Puerto
Alcadozo
Tobarra
Los Catalmerejos
Villarejo
Rincón del Moro
Paterna del Madera
Bogarra
Ayna
Liétor
Talave
Hellín
Río Mundo
Los Alejos
Embalse de Talave
Porrón
Isso
Cuevas de Minateda
Fuente Higuera
Cobatillas
Agramón
Puerto de Peralejo
Molinicos
Elche de la Sierra
Mundo
113
Segura
Río
Cenajo
Embalse de Camarillas

Utiel
Caudete de las Fuentes
rgordo Cabriel
A
B
C
110
365
A3
Requena
(692)
Siete Aguas
Cheste
Chiva
(271)
TOR
E901
el Pontón
Venta del Moro
1
Buñol
Godelleta
Toris
50
Yátova
Macastre
los Isidros
la Portera
Puerto Cruz de Cofrentes
710
Serra Martés
Pantà de Forata
Montroi
N330
1086
Martés
Col de Azuhar
424
Dos Aguas
Llom
Villatoya
Río Cabriel
N 322
Casas del Río
Millares
Presa de Tous
Alborea
2
Casas de Ves
Balsa de Ves
Cofrentes
Cortes de Pallás
Pantà de Embarcaderos
Reserva nacional de Muela de Cortes
Alcalá de Júcar
Villa de Ves
Jalance
Riu Xúquer
Embalse de Molinar
Tous
Recueja
Jarafuel
Cova de l' Aranya
Bicorp
Quesa
Sierra de la Caballa
Villavaliente
Teresa de Cofrentes
Caroch
1126
Navarrés
Zarra
Alatoz
Carcelén
Ayora
(641)
Chella
Anna
Pozo Lorente
3
1250
Cueva de la Vieja
(318)
Enguera
Montesa
Molatón
1245
590
Higueruela
Alpera
N330
Sierra del Mugrón
1073
Navalón
Moixent
Vall
Puerto Los Altos
84
1209
960
N 430
Chinchilla
Bonete
Almansa
11% 692
la Font de la Figuera
ONTIN
Casas del Campillo
Puerto de Almansa
660
4
Corral-Rubio
3220
Fontanars dels Alforins
N344
Santa Barbara o la Oliva
1150
Serra la Solana
La Higuera
Montealegre del Castillo
N330
81
Las Anorias
Cueva de El Arabi
El Pulpillo
Caudete
Beneix
412
la Canyada de Biar
Fuente-Alamo
3225
VILLENA
(508)
Biar
Port de Biar
81
5
YECLA
(597)
81
994
Puerto de Jumilla
810
Riu Vinalopó
Sax
N 344
Albatana
Portichuelo
Serra de Salinas
Salinas
Fuente del Pino
Sierra del Buey
1239
(395)
ELDA
Cueva de Peliciego
3225
Laguna de Salinas
Monòver
Jumilla
(491)
1088
Hondón
3212
3213
Sierra del Carche
83
940
1371
Novelda
Monasterio de Santa Ana
Casas del Puerto
el Pinós
6
Cancárix
125
3314
1043
la Romana de Tarafa
N301
144
l'Alguenya
Río Chicamo
N344
114
el Fondó dels Frares
Crevillent
835
N 325

E
F
111
117
1
2
3
4
5
6
VALÈNCIA
EL GRAU
Quart de Poblet
Manises
Picanya
Pinedo
Massanassa
Catarroja
el Saler
Silla
Parc Natural de l'Albufera
La Albufera
el Palmar
el Perelló
Sollana
Golf de València
Palma de Mallorca 6—9 h, Salerno 40 h, Maó (Menorca) 16 h
Eivissa 3½—7 h, Palma de Mallorca 6 h
A7
N332
Alzira/ Algemesí
Sueca
Riu Xúquer
Cullera
ALGEMESÍ
Corbera de la Ribera
E15
Cullera
Favara de la Ribera
Carcaixent
la Vall de Tavernes
Vila-Nova de Castelló
Xeraco
Manuel
Llocnou d'En Fenollet
Mondúber 841
Xeresa
Colonia Ducal
el Grau de Gandia
Tavernes/ Xeresa
Pinet
GANDIA
Bellreguard
Xàtiva
Quatre-tonda
S.Jeroni
Real de Gandia
Oliva
Bellus
Benigànim
Llutxent
la Pobla del Duc
Llocnou de Sant Jeroni
la Font d'En Carròs
Parc Natural de Mongo
Palma de Mallorca, Eivissa, la Salina
Dénia
el Verger
Cap de Sant Antoni
N 340
Montaverner
Villalonga de la Safor
176
Riu Serpis
Ondara
Mongo 753
Xàbia
el Palomar
Castelló de Rugat
Pego
Ondara/ Dénia/Xàbia
Albaida
Sagra
Pedreguer
Cala Blanca
Port d'Albaida 620
Beniarrés
Pantà de Beniarrés
la Vall de Gallinera
Cueva de las Calaveras
Gata
Cap de la Nao
Orba
Benidoleig
Xaló
Teulada
Benigembla
Benissa
la Granadella
Benimarfull
Tollos 1165
Agrés
Muro del Comtat
Castells de Serella
Parcent
Benissa
Moraira
Cocentaina
Coll de Rates 780
Punta de Moraira
Gorga
Pantà de Guadalest
Tàrbena
Benilloba
Port d'Ares 966
el Castell de Guadalest
Fuentes del Algar
Penyal d'Ifac
ALCOI
Benasau
Confrides
Callosa d'En Sarrià
Calp
Benifallim
Serra d'Aitana 1558
Chirles
Altea
N340
Port Tudons
Polop
Altea
Font Roja
la Nucia
Ibi
Sella
Port de Benifallim
Relleu
Benidorm
Port de la Carrasqueta
la Torre de les Maçanes
Finestrat
Orxeta
Cova de Canalobre
la Vila Joiosa
Benidorm
Xixona
251
Tibi
Aigües de Busot
la Vila Joiosa
Busot
Riu Monnegre
Sant Joan
Mutxamel
el Campello
Sant Vicent del Raspeig
Sant Joan d'Alacant
Platja de Sant Joan
Cap de Huertas
ALACANT ALICANTE
Golf d'Alacant
N330
Torrellano
Alacant
el Altet
Arenales del Sol
20 km

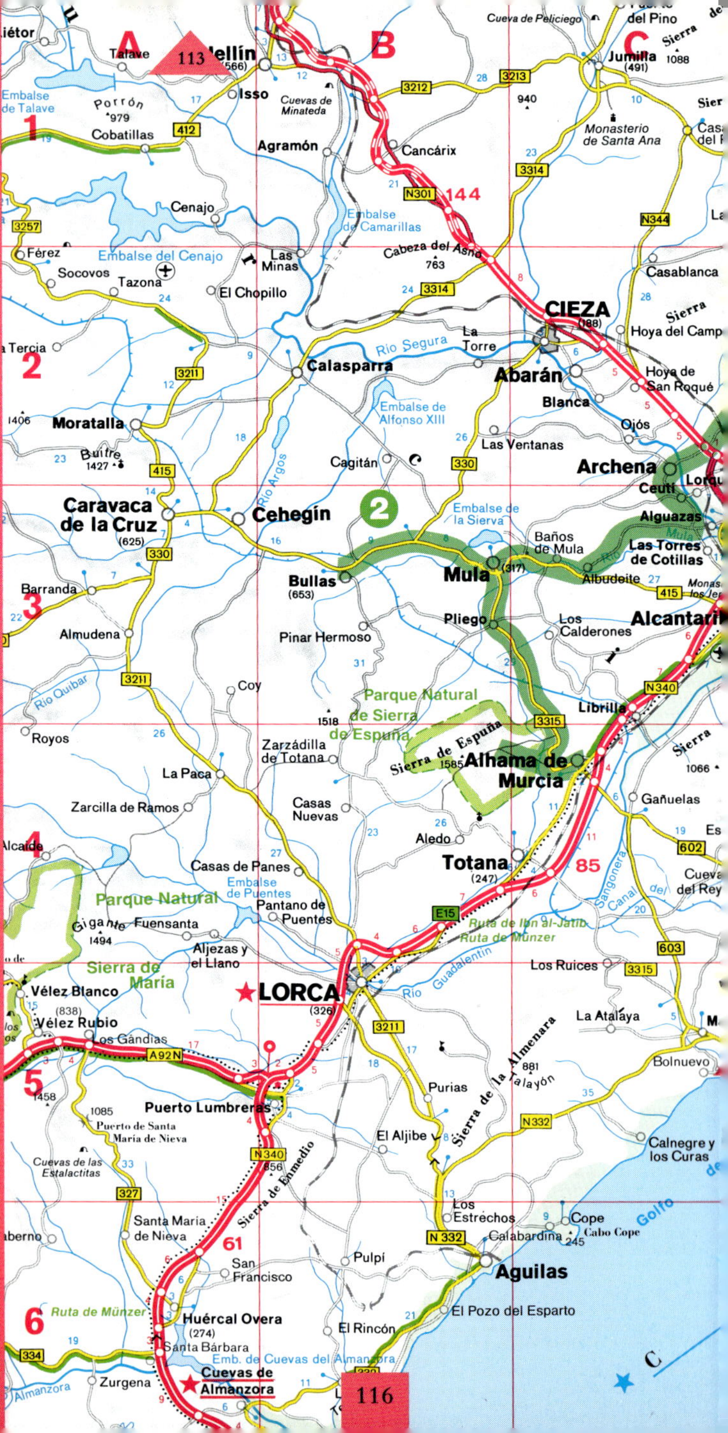
113
116
A
B
C
1
2
3
4
5
6
Liétor
Talave
Embalse de Talave
Porrón
979
Cobatillas
Hellín
(566)
Isso
Cuevas de Minateda
Agramón
Cancárix
144
N301
Cueva de Peliciego
Puerto del Pino
Jumilla
(491)
Sierra
1088
3212
3213
940
Monasterio de Santa Ana
Casas del Puerto
412
Cenajo
3257
Embalse de Camarillas
3314
N344
Férez
Socovos
Tazona
Embalse del Cenajo
Las Minas
El Chopillo
Cabeza del Asno
763
Casablanca
CIEZA
(188)
La Torre
Sierra
Hoya del Campo
La Tercia
Río Segura
Calasparra
Abarán
Hoya de San Roqué
3211
Blanca
Embalse de Alfonso XIII
Moratalla
1406
Buitre
1427
Ojós
Las Ventanas
Archena
Ceutí
Cagitán
415
330
Caravaca de la Cruz
(625)
Cehegín
Río Argos
Embalse de la Sierva
Alguazas
Baños de Mula
Las Torres de Cotillas
Mula
(317)
Albudeite
Bullas
(653)
Barranda
Almudena
Pliego
Los Calderones
Alcantarilla
Pinar Hermoso
Monasterio de los Jerónimos
Río Quibar
Coy
Parque Natural de Sierra de España
1518
N340
Librilla
Royos
3315
Zarzádilla de Totana
Sierra de Espuña
1585
Alhama de Murcia
Sierra
1066
La Paca
Gañuelas
Zarcilla de Ramos
Casas Nuevas
Aledo
Alcaide
602
Totana
(247)
85
Casas de Panes
Embalse de Puentes
Pantano de Puentes
Parque Natural
Sangonera
Canal del
Cueva del Rey
E15
Gigante
1494
Fuensanta
Aljezas y el Llano
Ruta de Ibn al-Jatib
Ruta de Münzer
603
Sierra de María
Río Guadalentín
Los Ruices
Vélez Blanco
(838)
LORCA
(326)
Vélez Rubio
Los Gándias
A92N
3211
La Atalaya
Mazarrón
1458
Puerto Lumbreras
Sierra de la Almenara
881
Talayón
Bolnuevo
1085
Puerto de Santa María de Nieva
Purias
N332
Cuevas de las Estalactitas
El Aljibe
Calnegre y los Curas
N340
856
Sierra de Enmedio
327
Los Estrechos
Santa María de Nieva
Calabardina
Cope
Cabo Cope
245
Golfo de Mazarrón
Taberno
61
N 332
Pulpí
San Francisco
Aguilas
Ruta de Münzer
Huércal Overa
(274)
El Pozo del Esparto
El Rincón
Santa Bárbara
334
Emb. de Cuevas del Almanzora
Zurgena
Cuevas de Almanzora
Almanzora

D
E
F
ELDA
Laguna de Salinas
Monòver
Hondón
Serra del Cid
Agost
1103
Mutxamel
Sant Vicent del Raspeig
115
el Campello
Sant Joan d'Alacant
Platja de Sant Joan
Montfort
Novelda
el Pinós
1043
la Romana
de Tarafa
125
Aspe
29
l'Alguenya
Riu Chícamo
el Fondó dels Frares
Crevillent
835
Cap de Huertas
ALACANT
ALICANTE
Golf d'Alacant
Torrellano
Alacant
el Altet
Arenales del Sol
el Palmeral
ELX
Ruinas de Ilici
Crevillent
Barinas
Macisvenda
Campules
Abanilla
La Murada
Fortuna
Embalse de Santomera
Laguna del Hondo
Cap de Santa Pola
Santa Pola
Salinas del Bras del Port
Illa Plana
la Nova Tabarca
Wahrân (Oran) 9–13h
la Marina
Albatera
42
Catral
Cat.-Alb.
Dolores
Alm.-Dol.
Callosa de Segura
Cox
Almoradí
Rojales
ORIHUELA
Redován
Riu Segura
Algorfa
Benijófar
Algo.-Beni.
Guardamar del Segura
Benejúzar
La Aparecida
Santomera
Bigastro
L. Mont.
Pantà de la Pedrera
I/2001
Salinas de la Mata
Beniel
Cabezo de Torres
Los Ramos
Torremendo
S. Mig.-Torre.
Torrevieja
Salinas de Torrevieja
MURCIA
Sant Miguel de Salinas
Punta Prima
Los Garres
Columbares
647
Algezares
Parque Natural de Monte El Valle
L. Zenia
78
Cabo Roig
Campo.
Dehesa de Campoamor
Sucina
Lo Romero
Pilar de la Horadada
Puerto la Cadena
340
Venta de la Virgen
P. Horad.
S. Jav.-Suc.
San Pedro del Pinatar
Salinas de Cotorillo
51
Balsicas
San Javier
S. Jav.-Bals.
Santiago de la Ribera
Roldán
Roda
L. Alc.-T. Pa.
Los Alcázares
Valladolises
Torre Pacheco
Mar Menor
102
Lobosillo
La Palma
T. Negro.
L. Beat.
E. Alg.
Los Urrutias
I. Mayor
La Manga del Mar Menor
Fuente-Alamo de Murcia
Los Nietos
Islas Menores
Urmenor
Cabo de Palos
Cabo de Palos
El Algar
Playa Honda
Marfagones
La Unión
Los Belones
27
Portman
495
Escombreras
413
CARTAGENA
Cabo Tiñoso
La Azohía
Blanca
MAR
MEDITERRÁNEO
2
3
4
5
6
20 km

LEGENDE REISEATLAS

le Mans-Est 4	Autobahn mit Anschlußstelle Motorway with junction
Datum, Date	Autobahn in Bau Motorway under construction
Datum, Date	Autobahn in Planung Motorway projected
R	Raststätte mit Übernachtungsmöglichkeit Roadside restaurant and hotel
R	Raststätte ohne Übernachtungsmöglichkeit Roadside restaurant
E	Erfrischungsstelle, Kiosk Snackbar, kiosk
T	Tankstelle Filling-station
	Autobahnähnliche Schnellstraße mit Anschlußstelle Dual carriage-way with motorway characteristics with junction
	Straße mit zwei getrennten Fahrbahnen Dual carriage-way
	Durchgangsstraße Thoroughfare
	Wichtige Hauptstraße Important main road
	Hauptstraße Main road
	Sonstige Straße Other road
	Bergbahn Mountain railway
	Sessellift (Auswahl) Chair-lift (selection)
	Autotransport per Bahn Transport of cars by railway
	Autofähre Car ferry
	Schiffahrtslinie Shipping route
	Landschaftlich besonders schöne Strecke Route with beautiful scenery
Routes des Crêtes	Touristenstraße Tourist route
	Straße gegen Gebühr befahrbar Toll road
	Straße für Kraftfahrzeuge gesperrt Road closed to motor traffic
	Zeitlich geregelter Verkehr Temporal regulated traffic
15%	Bedeutende Steigungen Important gradients

Kultur
Culture

★★ PARIS ★★ *la Alhambra*	Eine Reise wert Worth a journey
★ TRENTO ★ *Comburg*	Lohnt einen Umweg Worth a detour

Landschaft
Landscape

★★ Rodos ★★ *Fingal's cave*	Eine Reise wert Worth a journey
★ Korab ★ *Jaskinia raj*	Lohnt einen Umweg Worth a detour
	Besonders schöner Ausblick Important panoramic view
	Nationalpark, Naturpark National park, nature park
	Sperrgebiet Prohibited area
4807	Bergspitze mit Höhenangabe in Metern Mountain summit with height in metres
(630)	Ortshöhe Elevation
	Kirche Church
	Kirchenruine Church ruin
	Kloster Monastery
	Klosterruine Monastery ruin
	Schloß, Burg Palace, castle
	Schloß-, Burgruine Palace ruin, castle ruin
	Denkmal Monument
	Wasserfall Waterfall
	Höhle Cave
	Ruinenstätte Ruins
	Sonstiges Objekt Other object
	Jugendherberge Youth hostel
	Badestrand · Surfen Bathing beach · Surfing
	Tauchen · Fischen Diving · Fishing
	Verkehrsflughafen Airport
	Flugplatz Airfield

20 km

Enthalten sind alle erwähnten Orte sowie die wichtigsten Ausflugsziele. Halbfette Seitenzahlen verweisen auf den Haupteintrag, kursive auf Abbildungen.

Was bekomme ich für mein Geld?

In der »Bar um die Ecke« kostet ein Frühstück mit Kaffee, süßem *bollo* und Orangensaft ab 250 Ptas; in Hotels liegt der Frühstückspreis zwischen 400 und 1000 Ptas. Ein einfaches Mittagsmenü mit drei Gängen sowie Wein, Wasser und Brot kostet 1000 bis 2000 Ptas; *a la carta* muss man mittags und abends mindestens 3000 Ptas anlegen. Für Mineralwasser und Orangensaft werden mindestens 100–150 Ptas je Flasche/Glas verlangt; das Glas *(caña)* Bier kostet an der Bar ab 100 Ptas, ein ordentlicher Wein ab 125 Ptas. In Restaurants, Cafés und *terrazas* wird Bier normalerweise in *copas* oder *jarras* (Stielglas oder Krug) ab 150 Ptas serviert, in Diskos ab 250 Ptas. Für bestellte *tapa*-Portionen zahlt man je nach Gericht 200–2000 Ptas.

Kleider und Schuhe sind modisch attraktiv, von guter Qualität und preiswert. Zwischen Touristenzentren und etwa der C/. Castaños in Alicante, wo Einheimische einkaufen, besteht ein starkes Preisgefälle.

Es gibt Münzen zu 5, 10, 25, 50, 100, 200 und 500 Ptas. Neben den neuen Banknoten zu 1000, 2000, 5000 und 10 000 Ptas sind auch noch die alten Scheine in Umlauf, die sollte man besser nicht mehr annehmen.

Euro	DM	Ptas
1	1,96	166
3	5,87	499
4	7,82	666
5	9,78	832
7	13,69	1.165
9	17,60	1.497
50	97,79	8.319
100	195,58	16.639

Ptas	DM	Euro
100	1,18	0,60
300	3,53	1,80
400	4,70	2,40
500	5,88	3,01
700	8,23	4,21
900	10,58	5,41
5.000	58,77	30,05
10.000	117,55	60,10

Seit 1999 gelten bis zur endgültigen Einführung des Euro die oben stehenden Kurse. Sie sind keinen Schwankungen mehr unterworfen.